搞不定内训,你怎么带团队:

微商创业团队内训、管理、招商、文案秘籍

郑清元◎著

人民邮电出版社

北京

图书在版编目（CIP）数据

搞不定内训，你怎么带团队：微商创业团队内训、管理、招商、文案秘籍 / 郑清元著. -- 北京：人民邮电出版社，2017.5

ISBN 978-7-115-45238-2

Ⅰ. ①搞… Ⅱ. ①郑… Ⅲ. ①电子商务－组织管理学 Ⅳ. ①F713.36

中国版本图书馆CIP数据核字(2017)第053052号

内 容 提 要

随着移动社交电商的迅猛崛起，微商也呈现出了前所未有的繁荣局面，但任何行业的迅猛发展都难免产生从业人员鱼龙混杂、各家模式雷同的乱象。不过，随着行业的不断健康发展，微商领域越来越规范化，创业团队越来越专业化，行业发展越来越标准化。

对每一位移动社交微电商的创业者来说，新加入员工、代理的培训依然任重而道远。如何能在最快的时间内让团队成员掌握最新的引流方法，如何让每位成员都能接受行业专家的面对面培训，如何让团队成员玩转线上与线下，如何让成员掌握完美的销讲技巧和文案技巧等，是移动社交微电商创业者最迫切期望解决的问题。

本书正是基于移动社交微电商行业内亟待解决的问题，从团队培训、专家内训、引流方法、引流工具选择、销讲策略与技巧、销讲会议组织策略、文案写作心法等层面入手，为创业者全面解决团队培训难题，更助力创业者打造出一支强大的微商军团。

◆ 著　　　　　郑清元
　 责任编辑　　李士振
　 责任印制　　周昇亮

◆ 人民邮电出版社出版发行　　北京市丰台区成寿寺路 11 号
　 邮编　100164　　电子邮件　315@ptpress.com.cn
　 网址　http://www.ptpress.com.cn
　 大厂聚鑫印刷有限责任公司印刷

◆ 开本：700×1000　1/16
　 印张：16　　　　　　　　　　　　　　2017 年 5 月第 1 版
　 字数：386 千字　　　　　　　　　　 2017 年 5 月河北第 1 次印刷

定价：59.80 元

读者服务热线：**(010)81055296**　印装质量热线：**(010)81055316**
反盗版热线：**(010)81055315**
广告经营许可证：京东工商广字第 **8052** 号

前言

1. 写作缘由

随着社交电商、微商、社群电商的迅猛崛起，大量创业者、投资者、代理商等涌入这个行业，使得行业规则与教育培训一时无法跟上形势的发展。笔者在培训教育行业从业多年，深刻明白对任何一个行业来说，教育培训是头等大事。不论是行业模式的设计，还是行业从业者的技能培训，如果没有教育，大家都只能在跌跌撞撞中摸索，无法快速找到解决方法，更别说抢占行业先机。因此，我们喊出了"微商要发展，教育要先行"的口号，但我深知，微商教育培训的路还很长。

也正是这样的原因，我将我多年教育培训的经验与心得整理出来，不管是团队培训，大咖内训，引流方法、引流工具选择，还是销讲策略与技巧，销讲会议组织策略，文案写作心法等，我都将我在培训现场讲到或者没有讲到的内容呈现在书中，希望对各个微商团队能有所帮助，希望他们做好团队内训，抓住行业先机，成为行业领头羊。

2. 本书内容特色

本书主要特色：实操方法+内训策略+详细图解+丰富案例。

实操方法：本书是作者多年授课经验总结，方法都是经过实战检验得来，极具可操作性。并且方法独到，即使是新手也能很轻松看懂、学会。特别是对团队领导人来说，极具价值。

内训策略：任何一个微商团队，如果没有内训，都无法形成强大的战斗力。在书中，笔者不断将内训现场的干货分享出来，更是融入了未曾拿出手的内训策略与方法，极具价值。

详细图解：本书通过大量的操作方法图解来展示具体内训、招商、引流、文案方法，很适合微商、移动社交电商等从业者阅读，轻松易学。

丰富案例：方法如果没有经过实践，只能停留在理论，本书在讲解方法的同时，引入大量案例去分析和印证，能很好地帮助读者理解。

3. 本书适合的读者群体

微商创业团队；

微商代理商团队；

传统行业转型团队；

新媒体创业团队；

移动电商创业者、从业者。

目录 Contents

Part 3 | 做个好头领：优秀领导人的五个要点

Part 4 | 团队如何带才更具活力

Part 5 | 打造狼性团队：如何给团队做线上与线下内训

Part 6 内训要扎实：如何选择适合团队的内训师

第二篇　微商引流平台、工具及策略 ——引流不是广撒网，要精准"钓鱼"

Part 1 引流平台选择：借塘打鱼，选对"鱼塘"很重要

Part 2 找对工具：粉丝引流，实用工具少不了

Part 3 粉丝引流"爆粉"的四个怪招

Part 4 朋友圈引流策略

Part 5 敢造势善造势：如何造势更吸引人

第三篇　如何做好代理培训与招商管理
——代理强不强，领导看担当

Part 1 讲是一门艺术：代理培训该如何讲

第四篇　微商文案写作心法
——如何让一句话值一百万

Part 1 好的文案让你事半功倍

Part 2 招商营销文案写作的十个捷径

Part 3 产品价值塑造的十个大招

Part 4 产品品牌构建的原则与方法

第一篇 做好微商团队内训

——无内训爬楼梯，有内训坐电梯

Part 1
做微商为什么非要做内训

- 微商升级，无团队就会死
- 你为什么带不好你的团队和代理
- 如何拥有一支狼性团队
- 内训怎么做最合适

01　微商升级，无团队就会死

2013年，一个全新的名词诞生，掀起了"全民创业"的新浪潮。这次创业风潮门槛更低、操作更简便，只要懂得一定的计算机应用和智能手机操作知识，即可创造出让所有人瞠目结舌的财富。

这个风潮，就是微商。

几乎所有的人，只要打开微博、微信，就会看到身边有朋友加入到微商的行列之中，销售的产品几乎涵盖了生活中的所有方面——化妆品、食品、酒类、服装、3C电子产品、农产品……一时间，微信朋友圈几乎成了微商的天下。

不过，进入2016年之后，我们却突然发现：过去很多做微商的朋友，似乎开始逐渐转型，朋友圈里充斥的不再是单纯的产品推介。原本红红火火的微商，似乎突然进入了瓶颈期。因此，有人如此说道："微商已死！"

然而，微商真的死了吗?

> 2016年，微商某女性品牌的流水达到了100亿元人民币；
>
> 2016年下半年，某日化品微商正式推出，迅速做到了15亿元的现金流；
>
> 2016年，微商某洗涤品牌的现金流水达到30亿元；
>
> ……

这些数字，显然是对看衰微商的人最有力的反击！新微商创造出的财富，甚至比微商最火爆的那些年还要庞大！

那么，为什么我们的朋友圈里似乎突然少了很多过去"霸屏"的"微商大咖"？从上面的那组数据我们就可找到答案：微商行业已经进行了全新的洗牌和升级，单打独斗式的个人微商已经不能适应市场的需求。新时期的微商，无团队必然会死！

团队化发展，是未来微商的大趋势。微商的发展越来越具备企业化体系，呈现专业化、细分化、精准化的特征。

图1.1.1-1所示为新微商时代的团队模式，分别由产品团队、策划团队、美编团队、新媒体团队、客服团队等组成。进入新时期的微商，绝大多数都呈现出这种团队化运营模式，个人模式逐渐向品牌化转变。为什么微商会从个人模式迅速转变为团队模式？

图1.1.1-1　新微商时代的团队模式

1. 消费市场的需求

随着社交化网络化的不断深入，如今消费者对于产品的选择更为多样化，能够打动他们的产品，一定要在保证品质的基础上还能具有独一无二的风格，且营销直击痛点。而团队的介入，可以通过不同角度、渠道、大数据捕捉消费者的诉求，进行针对性的产品开发和营销探索。仅仅依靠着朋友圈的几张图片，不可能打动消费者，更无法打动代理商，所以专业化转型势在必行。

2. 行业自身的要求

微商尽管发展红火，但不可否认在2013-2016年间，频繁爆发出的各种负面新闻（如有毒面膜、三无食品等）给微商的形象带来了巨大伤害。想要避免这样的情况再次出现，微商就必须借助团队的力量，从产业链上游开始，直接把控产品的品质；再到面对最终端的消费者时，同样需要专业客服进行专业解答，这样才能让消费者重拾对微商的信任。越专业，越口碑；越专业，越品质。建立体系化的运作，淘汰那些浑水摸鱼的个人微商，才能让整个行业从混乱走向规范。

所以，也许在一开始尝试微商之时，我们一个人就可以应付产品上架、产品推广的工作，但是倘若要想通过微商实现事业及人生的突破，那么团队化运作是微商新时代下必须进行的转型升级。策划、文案编辑、美工、客服，如果细分，还会有微信公号的内容排版、文字编辑，微官网的制作等，这些内容单凭一个完全无法承担。所以，团队化发展是微商做大做强的关键！

02　你为什么带不好你的团队和代理

团队化模式，让微商的发展进入了全新阶段。更丰富、更立体、更可信、更权威，这都是微商团队所带来的积极变化。因此，不少曾经的个人微商，也都开始进行转型，尝试团队化发展，甚至进行代理模式的探索。

想法虽好，但现实却是残酷的。笔者见过非常多的微商从业者，他们有着远大的理想，无论自己创建品牌还是独家代理品牌，都对未来充满积极的想象，也愿意通过努力在微商领域拥有一片自己的天空。但一旦进入团队化发展阶段，他们就力不从心，团队始终无法爆发出最大的潜能，代理加盟也寥寥无几，久而久之，就对这项事业产生了怀疑。

微商依托于社交互联网时代，它的未来不可估量，因为每个人都是社交的一分子，都是移动互联网的使用者。但是，为什么你始终带不好团队和代理呢？原因如图1.1.2-1所示。

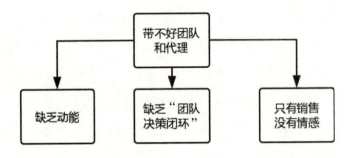

图1.1.2-1　带不好团队与代理的原因

1. 缺乏动能，团队没有积极性

笔者见过一些微商从业者，他们都带有这样一种心态：微商与企业不同，架构并非那么完整和规范，甚至团队中的不少人都是兼职工作，因此没有必要建立标准的行为规范。

正是这种想法，使得团队的积极性和凝聚力过低，整个团队的成员在思想上、心态上都是无所谓的状态。笔者就曾听过一个微商团队的媒介小组成员这样说道："我不过就是一个微信公号的发布者罢了，产品最后能卖多少，和我有什么关系？卖得再好，和我的关系也不大，所以我为什么要那么上心？"

没有规范的条例，所有的人都很容易产生这种消极心态。多数微商团队就是因为结构太过松散，没有建立精准的品牌文化特质，导致团队成员很容易产生这种"无所谓"的心态。这就是为什么做微商的品牌有很多，但是很少能够像企业一般充满凝聚力。没有建立完整的团队价值观，团队自然一盘散沙。

2. 缺乏"团队决策闭环"

微商的特点，就体现在"微"字上——产品以小见美，多数都是生活中最常见的，如面膜、家用小电器、零食等；同时，它也体现在团队规模上——人数不多，有时算上创始人，一共也不过十余人。

产品的生活细节化、团队的微小化，很容易形成这样一种情况：团队决策闭环的缺失。所谓"团队决策闭环"，就是每一个人都能参与到品牌的发展和管理之中，愿意进行"头脑风暴"，对产品设计、营销思路进行内部讨论和分析，最终拿出一套完整的方案。

但在不少微商从业者的身上，笔者看到的却是"一言堂"：创始人喜欢什么样的产品设计，就会对设计小组发出命令；看到别人的营销很成功，就要求策划小组复制模仿……结果，团队的所有人唯一能做的就是"听命"，而没有任何自己的想法。这样的团队，怎么愿意提升效率，为品牌而努力？

3. 只有销售，没有情感

不少微商品牌，都在大力发展代理模式，希望借助这种模式迅速打开局面。发展代理本身没有问题，但一些微商品牌对于代理商的管理却是漏洞百出，只顾销售，没有任何情感。

小赵曾经是微商圈的活跃分子，代理过好几家品牌的面膜，有一段时间生意非常红火。但没过一年，她却渐渐放弃了。我问她其中的缘由，她对我说："不是不赚钱，而是觉得太累了！消费者是我去直接面对的，而品牌除了给我发货，就再没有一点支持！有一次，我因为一个问题想要咨询品牌方，结果他们的回答冷冷淡淡的，只是说'你把东西卖出去就行了，关心这些是没有意义的'！这种话多让人寒心！所以，我就不想再做微商了，简直是在给别人做嫁衣！"

当代理人从品牌方那里感受到的只有赤裸裸的交易关系，没有体会到任何情感，那他们为什么还要代理这个品牌？

上述这三个原因，是微商不能带好团队和代理的核心原因。唯有解决了它们，微商之路才能更加平坦。

03   如何拥有一支狼性团队

在我国，有一家企业受到全世界的关注，那就是华为。从1988年成立至今，华为不断在夹缝中成长，从一开始的专业移动通信领域开始，思科、IBM这些大鳄并没有将其击溃；随后华为进军大众消费市场，尤其是在智能手机市场，遭遇苹果、三星、小米等品牌的围剿，但它终于突破重围，成为世界通信服务、通信产品的一线品牌。这家起步时不过几十人的小公司，如今成为大型跨国集团，创造出中国商业的奇迹。

华为之所以能够由小到大，"狼性文化"所发挥的作用毋庸置疑。微商团队亦是如此，我们必须学习华为的"狼性文化"，打造一支狼性团队，从而爆发出最强大的凝聚力与战斗力。

1. 提升每一个人的压力感

狼的生活环境是残酷的，它们必须时刻保持警惕性，准备在第一时间投入战斗，压力感成为它们提升自我实力的最有效手段。微商同样需要引入"压力机制"，让每个人都感受到：如今的微商竞争已经进入拼刺刀式的赤身肉搏战，有一丝松懈就会被市场淘汰。

所以，作为微商的领导，必须每天根据销量、市场反馈和客户反馈，对成员进行"高压管理"。针对研发团队，让他们了解到行业的发展方向在哪里，自家产品的缺点在哪里；针对新媒体传播团队，通过对比的模式，让他们看到更优秀的新媒体营销思路，找到自身的不足……如图1.1.3-1所示。

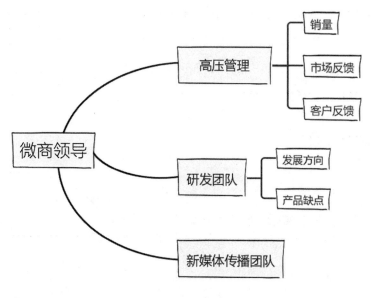

图1.1.3-1　微商领导的职责

如果每个团队中的每一个人，都能意识到自己还有很多潜力可以挖掘，还有更大的挑战在等着自己，就会产生向上的驱动力，不断充实自我，成为一只综合实力过硬的"狼"！每个人都是一只狼，这是建立狼性团队的基础。倘若某一个人不愿意付出，意识不到竞争压力的存在，就会给整个团队带来强烈的负面影响。

2. 打造团队文化

狼有一个突出的特点：群居、共同战斗。这是狼能够屹立于食物链顶端的关键。微商团队要想成为各自领域中的"华为"，就必须着力打造团队文化，让所有的人凝聚成不可分割的整体，这样才能达到战斗力成倍提升的目的。

如何打造团队文化？很多团队的领导都陷入过这样的误区：总是喊口号、写标语。这种鸡汤式的激励，一开始会有效果，但时间长了不免让人觉得乏味，有"假大空"之嫌。

打造团队文化，最有效的手段就是开展集体活动，尤其是各种户外拓展。华为的内训中，最引人瞩目的就是军事化训练，在提升自身"战斗力"的同时，更重要的是学会合作，增加团队成员之间的信任感和促进交流。所以，微商团队必须定期发起户外拓展活动，尤其在有新人进入之时。或趣味性、或娱乐性、或紧张性，拓展的模式有很多，如图1.1.3-2所示。无论采取哪一种，让每个人都会感受到合作的重要性，这是打造狼性团队的核心。

3. 人性化的关怀

只有压力、没有人性的团队，很容易导致成员出现懈怠情绪，感受不到团队的温暖。所以，我们在重视压力模式的同时，也不要忽视了对团队成员的人性化关怀。团队成员取得了辉煌的成就，不妨来一场欢乐的庆功宴；有人生活上遇到了困难，发动集体的力量帮助他走出困境；引入激励机制，让优秀的员工获得更高的报酬……高压模式与

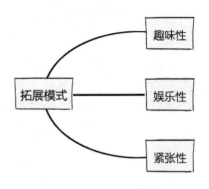

图1.1.3-2　多样化的拓展模式

人性化关怀并存，成员才愿意不断提升自我，融入这个战斗的团队。

狼性文化的特质，就在于用团队的力量抵御市场风险，以小搏大创造财富。一匹狼的战斗力显然与狮、虎有着明显差距，但群狼依靠团队精神，成为地球上生命力最顽强的物种之一。微商也是如此，尽管规模有限，但只要能够打造出狼性团队，同样可以让狮、虎、豹、熊等猛兽为之色变！

😶 04　内训怎么做最合适

内训是一门艺术。充满情感的内训，会给团队带来积极的能量，让团队成员、代理商感到信心满满；反之，毫无生气、毫无感染力的内训，必然让人垂头丧气，对微商事业感到绝望。

内训看起来很简单，似乎只需给团队成员定期"打鸡血"即可。但是如果没有技巧，内训就会沦为空洞的喊口号，久而久之让人心生厌倦。那种纯粹"画大饼式"的内训，相信很多人都曾经历过。我们必须杜绝类似的情形发生，让内训真正落地，激励每一位成员。

1. 正能量：内训的核心

做微商的目的是什么？就是借助移动互联网实现创业的梦想，以小投入获得大回报。

对于微商团队的内训而言，正能量是核心。倘若一个团队中，成员每天都是在抱怨生活、抱怨工作，大家交流的内容是如何逃离苦海，那么谁会真正用心做这份事业？例如，一个代理商在群里天天不厌其烦地抱怨生意不好做，那么很快就会影响到其他人，即便生意好的代理商也会觉得完全无法经营下去。但事实上，那个抱怨的人其实生意已经处于稳定阶段。

所以，无论我们的团队、代理商阵容有多大，每天都必须给成员、代理商灌输正能量的思维：或是分享积极向上的微信美文，或是以自己的从业经历给大家打气。每天一则"正能量"分享，并引导大家进行互动讨论，会给团队带来积极向上的心理暗示。

不可否认，有的人的确会遇到问题，带有一定的负面情绪，那么我们可以建立一条"私密通道"，直接与团队的头领联系，在私下帮助他解决问题。这样一来，整个团队传递出了积极向上的正能量，个人问题又能顺利解决，团队的凝聚力会大大提升。

2. 用感情取代大道理

无论对于团队的成员还是代理商，都必须遵循一个原则：多培养感情，不要一开口就是大道理、生意经。看到有成员动力不足、心不在焉、粗心大意时，不要总是用业绩问题来打压他，而是应当在进行适当的批评后，协助他找到问题的所在，鼓励他主动进步，让他明白：领头羊始终在关心他，所做的一切都是为了他好。这样他才能产生积极的向心力，有助于良好团队氛围的形成。

例如，当发现微信公号负责人在某一段时间内发送的内容没有吸引力、阅读量极低时，应当倾听他的想法：是工作激情降低？无法承受工作压力？是感情生活遇到瓶颈？帮助他找到解决问题的方法，再说出"最近公号的效果不太好"，那么他就会愿意接受批评，并做出改变。

3. 职业技能培训：让成员感受到进步

绝大多数进入微商领域的人，在此之前都没有做过相关的工作，所以，培训机制的引入会大大提升团队的向心力和个人实力。每个人都渴望看到自己进步，有了进步就有了精神上的愉悦。一份工作让自己得到了满足，他必然会继续努力。

曾经有人对笔者说："我们的微商团队并不大，有必要进行职业技能培训吗？"其实，越是小团队，越是需要这种技能培训：一方面，每个人都能成为精英，可以完全胜任微商各个环节的工作，团队的实力就会大为提升；另一方面，他们从微商团队培训中学到了更多技能，从一名菜鸟晋升为专家，对未来充满信心，因此愿意主动学习，更加努力地充实自我。

职业技能培训是内训体系中绝不能缺少的环节。可以邀请相关的新媒体应用专家、营销专家等，分别对团队内部成员和代理商进行培训，让团队的每一个环节的实力都得到增强。

Part 2
寻找团队的灯塔：设立团队目标的六个步骤

01 确定目标人

在设定团队目标之前，首先要做的一件事就是组建团队。没有真实的团队构成，一切设想都只是空想，微商团队化就沦为空谈。

要想创建一支微商团队，并不是一件容易的事，并非随便找几个人立刻开始投入运营这么简单。确定团队的目标人，需要遵循循序渐进的原则，从小到大，由少至多，精准到每一个岗位，这样，未来的内训体系、运营体系才能有效展开。倘若团队初建之时就是一片混乱，即使未来再做调整，也势必会事倍功半。

笔者的一个学员，如今是国内顶级微商团队的运营人，每年创造的净利润达到近千万元。不过在最初，他也走了不少弯路。2014年他就开始从事微商，并组建了一支团队。但这支团队充其量就是"草台班子"，六个人有四个都是他的朋友，还有两个是朋友介绍来的，结果大家每天嘻嘻哈哈，并没有把微商当作真正的事业。有时候布置的任务，团队中的几个人也是推来推去。久而久之，没有人再愿意工作。这位学员非常无奈，第一次的微商尝试以失败告终。

很多时候，微商的失败并不在于产品不够优秀，而是在于所运营的团队太过松散，没有用心去策划、去营销。微商虽微，却代表了未来商业模式的一个趋势，不用心去做，哪怕产品具有巨大的市场潜力，也必然以失败告终！

我们该如何确定目标人，组建一支真正充满潜力的微商创业团队呢？图1.2.1-1所示为确定目标人的四维度。

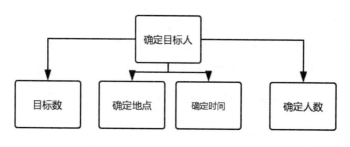

图1.2.1-1　确定目标人的四维度

1. 目标数

团队组建之前，首先要确定：我们的目标是什么？需要达到怎样的目的？短期内有怎样的规划？长远又有怎样的展望？

确定了目标数，我们才能知道自己想要做的究竟是什么，并且它也直接决定了团队的规模——设立短期目标时，我们需要多少人能够顺利完成？到了哪个阶段，我们需要招聘更多的成员？目标就是定位。有了定位，一切都会有据可依，所有项目的开展都能有条不紊。

2. 确定地点

微商的开展，同样需要一定的场地。办公室、库房、物流……这些都关系着未来的运营能否成为紧密的闭环，而不是太过松散导致无法监控。尽管多数代理商的运营只是通过微店、朋友圈、微博，但我们做的不能只是底层销售，还需要建立美编小组、策划小组、新媒体小组等，日常也会召开例会，因此选择一个合理的办公地点，既能够提供良好的办公环境，同时也可保证物流便捷、发货迅速，这样才能提升团队的品牌价值和影响力。

3. 确定时间

目标确定、地点确定，接下来就要确定团队组建的时间。什么时候产品正式上线、何时召开代理招商加盟会……当这些细节一一规划完成，我们再开始组建团队，这样就能有效避免因为成员没有到位、各种项目无法顺利展开的问题。

4. 确定人数

一支微商团队究竟需要多少人？这并没有一个标准的答案，而是需要根据目标、地点、时间规划等因素来确定。但有一个原则是我们可以遵循的：根据团队功能的设定，确定成员的人数。通常来说，一支微商团队需要包括以下几个小组，如图1.2.1-2所示。

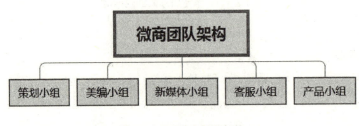

图1.2.1-2　微商团队架构

上述团队架构，可以满足微商团队的基础业务需求，所以我们在确定人数时，不妨按照这几个小组进行针对性的招聘。在此建议：初期时每个小组的人数不必过多，但要保证每个人都充满责任心，能够胜任工作。随着业务的不断拓展，我们可以进行新的招聘，直至小组成为正式部门。这种循序渐进的模式，既有利于团队初建时的管理，也更容易凝聚士气。人数的规模，始终以发展的现状和未来的规划为标准，不是人越多实力就一定越强大。

02　设立目标达成数目的标准

KPI考核，是大多数企业都会采取的一种内部考核机制。用最通俗的话来讲，KPI就是绩效考核，即在限定的时间内，工作完成了多少，达到了怎样的效果。换言之，它是目标的精准化——只有达到了KPI的标准，才能证明我们的工作顺利完成，不仅实现了个人的成功，更实现了团队的目标追求。

设立目标达成数目的标准，会让微商团队的成员知道自己要干什么、提高什么、团队的最终目标是什么。将目标进行精准的数目化确认，每个人在工作时才会有条不紊地进行，而不是盲目忙乱，结果到头来工作做了不少，却一无所获。

有一支微商团队，刚组建时非常松散，领头人仅仅只是对大家说："希望每个人都能努力，我们一起创造不一样的财富梦想！"结果几个月过去了，团队内部几乎没做什么工作，代理商也是心不在焉，产品依旧堆得满仓库都是。

后来领头人听从笔者的建议，与团队成员进行了多次会议沟通，然后开始调整策略，将目标精准化：当月，销量需要达到多少，内容推送需要多少人看到。每个人都有自己的任务安排，并引入了奖惩机制，超出预期有奖金，达不到预期将被惩罚。一下子，整个团队被激活了，不到一个月的时间，他们完成的销售量超过了之前的三个月的总和！

目标的作用毋庸置疑，所以，几乎所有企业都采用了KPI机制，给团队中的每个人带来充足的动力。动力就是压力，有了远方的一条目标线，为了达到这个标准，每个人必须抱着积极的心态，为实现目标而奋斗。所以，一旦设立目标达成数目，并积极引入奖惩机制，那么我们不必做太多的"鸡血励志"，每个人都会主动投入工作之中。

当然，如何设立目标、达到最好的激励效果，这并不是一件简单的事情，具体如图1.2.2-1所示。

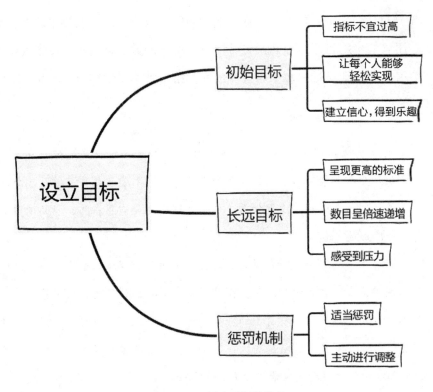

图1.2.2-1　设立目标的意义

1. 初始目标：让每个人能够轻松实现

　　微商团队及代理机制初步建立时，多数成员和代理对品牌的了解有限，对市场的把控有一定欠缺。在这个阶段，目标达成数目指标不宜定得过高，以免因为失败让而所有的人丧失信心。初始目标，应当让每个人都能轻松实现，感受到做微商的乐趣和希望。团队内部只要要求能够制定出精准的营销策略、具备完整架构的传播平台，代理只需完成2~3笔交易。让团队成员先建立信心、找到乐趣，未来才会继续奋斗。

2. 长远目标：数目是现在的数倍

　　初始目标顺利完成后，接下来的目标达成数目必须呈现更高的标准。这时候的团队成员，已经经历了初期的熟悉、了解阶段，有了更多的想法和经验，所以设定的目标要比当下的数目呈倍速递增，让他们渐渐感受到压力，进入真正紧张且充实的工作状态。

3. 惩罚机制：用压力模式替代单纯惩罚

任何一个团队，都会有人因为各种原因而无法达成既定目标。对于不能顺利完成目标的成员，就必须进行适当的惩罚，否则目标的设定就毫无意义，同时还会给完成目标的成员带来不满："凭什么他没有做到应当做的，却享受和我一样的待遇？"久而久之，团队的凝聚力就会遭到破坏。

优秀的惩罚机制，绝不是单纯的处罚、开除，而是应当让成员意识到自己的问题在哪里，感受到更大的压力，主动进行调整。例如针对代理，我们不必进行资格解约，而是可以采取"限制供货"的模式，让他明白如果完成不了目标，那就无法继续做销售工作；对于内部成员，倘若不能完成KPI目标，必须暂时远离岗位，取消奖金，让他看看其他人是如何工作的，潜下心来思考，做出新的规划再重新回岗。

03　目标完成时间设定

有了目标达成的数目，自然需要对完成目标的时间进行设定。数目，决定了目标达到的标准；时间设定，则决定了目标完成的效率。数目与完成时间构成了团队目标的整体，如图1.2.3-1所示。

应该如何进行时间设定，让目标顺利完成？我们可以从这四个方向入手：一个月、三

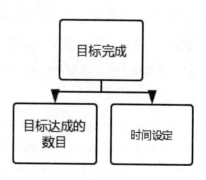

图1.2.3-1　目标完成的双组合

个月、半年、一年；保证团队、代理商都能够按阶段、分步骤地完成计划。

1. 一个月目标：熟悉微商流程，做好前三次工作

第一个月的目标，不在于创造多大的业绩，而是让每个人都了解自己的工作流程，知道自己最需要做的是什么。策划团队可以根据产品，制定相应的营销策略、营销口号，并形成条理化；美编团队在拿到策划方案后，知道第一步做什么，多久拿出宣传图片、视频，再通过何种形式交给对接团队；代理商知道如何获取相关的宣传资料，在哪些时间进行推送……正所谓"磨刀不误砍柴工"，先熟悉工作的要领和流程，形成条理化的发展模式，未来的工作才能更加有条不紊。

2. 三个月目标：进入熟悉期，工作得心应手

第一个月的目标完成后，团队进入正式工作状态。在这个阶段，每个人、每个团队在完成相应的工作计划后，还应当根据遇到的实际问题进行分析和总结，并向领导提交总结报告，不断充实自我。团队领头人也应及时开设培训课，帮助团队解决实际问题。

3. 半年目标：攻克最艰难的环节，进入平稳发展期

经过几个月的前期磨炼，团队已经进行了多种营销方案的尝试，有了一套较为完整的经验。这时候，目标的确认要更加精准：阅读量达到多少、送达人数达到多少、销售量达到多少……这些目标，应当实现严格的数据化。每个小组、代理商必须按照相应的设定，在规定的时间内完成工作。这个阶段，每个人都会遇到全新的挑战，例如粉丝增速放缓、销量趋于平稳。这时候内部的"头脑风暴"应当及时展开，帮助每个人实现新的突破，如图1.2.3-2所示。

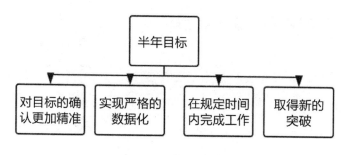

图1.2.3-2　半年目标的设定

4. 一年目标：业绩快速增长，成为行业的专家

渐渐地，团队中的每个人对于工作更加得心应手，团队内部的小组有了非常精准有效的营销思路和产品设计思路，而代理也形成了自己稳定的客户群，这时候就应当以"业务快速增长"为目标，打开更大的市场。每个月的目标都要在前一个月的基础上适当增加一定的比例，既给团队带来适当的压力，也给他们带来进步的空间。通过这种手段，每个人都会成为行业的专家，帮助团队实现最终目标。

之所以进行详细的时间设定，就是为了让团队和代理商可以不断实现目标，感受成功的喜悦，在实现一个个小目标的基础上创造更大的辉煌。这种"小目标不断积累、大目标逐渐实现"的模式，更能给团队带来信心和喜悦，在潜移默化中提升团队的实力。

笔者见过很多微商团队，一开始就设定了非常高的目标，例如团队组建初期就设定"两年后成为全国一线品牌，月销量突破200万元"，结果有的成员被这样的目标吓坏了，认为自己没有这个能力，对待工作战战兢兢，始终不能呈现应有的状态；有的人则觉得这是创始人"异想天开"，认定这种追求绝无实现的可能，因此工作上不免消极怠工，做一天和尚撞一天钟。但事实上，如果将这个大目标进行拆分，给团队设定一个个通过努力就能实现的小目标，他们就有了前进的动力。小目标不断被实现，大目标的达成自然水到渠成！

04　目标必须数据化+图片

目标的作用，一方面在于给团队带来积极的压力，让他们有精准的方向去努力；另一方面也能够成为极佳的内部激励手段，让每个人在找准自己的位置的同时，通过对比，了解到团队中其他人员的实力、潜力和优点，从他人身上学到经验。

所以，对于团队目标，不仅要传达到每一个人、每一个小组，更应当采取数据化+图片的模式，将每个人的特质、工作收获全面展示出来。这既是对先进者的精神激励，也是对后进者的一种指导与督促。

表1.2.4-1，将每一名员工的目标计划、本月销量、上月销量等进行了清晰的展示，并作了排名，所有数据一目了然，团队中的每个人处于怎样一个位置，所有的人都能看到。将目标和具体工作量进行数据化展示，每个人就明白自己需要完成的工作是什么，哪些环节还有不足；与之前相比，现在是进步还是退步。数据化给每个人带来了精准的参考，所有的大道理转化为具体数字，因此更具有可信度。

表1.2.4-1　详细的目标与销量数据表格

姓名	本月排名	本月销量	上月销量	计划目标
A				
B				
C				
D				

在很多侧重于销售的企业，如售楼部、房屋租赁公司等，这样的数据化表格很常见。每个客户进入大厅，都会看到各个营业员的当月销售业绩和好评度。客户自然选择排名靠前的销售员，无形之中，位于榜单后面的销售员就会压力陡增，不得不提升自身实力，以尽快进入榜单的前列。

　　微商也是如此，同样应当引入这种数据化模式，以此激励团队前进，实现既定目标，甚至超额完成。

　　当然，仅仅只有这一份表格是不够的，因为它只凸显了"竞争"，缺少更有深度的信息。在数据化表格的基础上，我们不妨引入图片机制——每一周或每个月，将目标进行更进一步的细分，给每个人带来参考——我们的客户究竟在哪里？哪些平台所占的比重最大？这样，员工在进行相关工作时，侧重点将会更加明确。

　　笔者曾见过一个微商团队的目标图片。这是一家经营化妆品的微商团队，当时策划团队针对某一款面膜制作了一个客户分析图，给营销团队和代理商带来了非常大的便利，如图1.2.4-1所示。

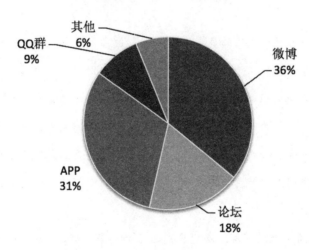

图1.2.4-1　详细的图片化数据分析

　　这样的数据化图片，可以制作得更详细和多样：根据年龄划分、根据地区划分、根据爱好划分……图片化的数据分析越多，团队成员工作起来就更加得心应手，每个人都有了自己的方向，知道完成的项目是什么、哪些环节是最难攻克的，所有人都进入目标清晰的工作状态。这时候，又怎么会担心目标不能顺利完成？

05 如何让公众承诺更有效

团队目标的设立，不仅仅针对团队成员、代理商，当然也包括团队领头人。倘若团队的领导人素质低下、能力有限，那么无论开展多少团队内训，都无法达到积极的效果。尤其是对于做出的承诺的态度，更直接决定了团队是否可以继续走下去。

笔者见过的各种微商团队中，有两种团队领头人最具代表性，所造成的危害也更为严重。

A是一名微商团队的负责人。一天，他拿到了某款爆品产品的一手渠道，价格非常优惠。为此，他召开团队大会，说："这次咱们的优势非常明显，我希望大家都能努力一点！如果销售能够达到预期，我请大家到青岛旅游四天！"为此，整个团队投入了紧张的工作之中，数据分析、营销策划、代理优惠模式等迅速上线，拉开了一场轰轰烈烈的营销大战。两个月后，凭借团队的努力，不仅实现了预期的目标，甚至还超额完成百分之三十！

所有的人都很兴奋，渴望青岛之旅的到来。然而，A却似乎忘记了此事，尽管给大家发了奖金，但只字不提青岛之行。过了一个多月，有一名成员说起了此事，结果A愣了愣，说："是吗？我说过这个话？哎，最近太忙了……要不，咱们下次再去。"

A的这句话让所有的人大失所望。很多人感到，这不是一个值得信赖的领导，因此有人选择了离职；有人尽管没走，但只是混日子。很快，这个充满战斗力的团队就解散了。

第二种领头人同样给团队带来了非常严重的伤害。

B也经营着一支微商团队。建立伊始，他信誓旦旦地说："咱们这支团队，大家一律平等，谁出了错都必须接受相应的惩罚！"一开始他的确是这么做的，但后来，这种良好的局面被彻底打破了。

B的一个亲戚有一定的广告营销经验，因此进入团队担任策划。也许是因为沾亲带故，这位亲戚在工作中非常不认真，经常出现各种差错。最严重的一次，他甚至在宣传画面上将定价"99元"误打成了"990元"，导致代理商、消费者大量投诉。按照过去的做法，他将会遭受扣罚奖金、调离岗位的处罚，但最后不知什么原因，B仅仅只是口头上批评了两句，没有再提此事。

但是B没有想到，他的做法引起了所有成员的一致反感。两名策划骨干甚至在办公室向他当面质问，并发生了争吵，这两人选择了离职。很多人看到B不能公平地对待员工，感到寒心，也纷纷递上辞呈。

上述两种场景都说明了一个问题——言而无信的团队领头人，即便拥有很多优秀的团队成员，到头来也只能让所有的人选择离开！

在进行团队内训时，领头人不要忘了自己同样是团队的一分子，同样需要接受制度的约束。尤其身为负责人，更要给整个团队做出榜样！

那么，应该如何做才能让公众承诺更有效？

对于第一种情况，我们不妨将做出的奖励承诺写下来，张贴在办公室最显著的位置，每天都能看到，以此提醒自己不要言而无信；对于第二种情况，则必须树立"大公无私"的心态，奖惩制度一旦建立，那么无论是谁都不能有特权！即便亲信犯了错，同样要大义灭亲，让团队所有的人看到公平精神的体现。唯有做到这两点，团队成员才愿意团结在你的身边，为团队创造更多的财富。

 06 如何确定见证人、监督人

优秀的企业除了有良好的内训机制，还应有一个特殊的部门——见证与监督机构。这个机构的设立目的，就是为了以第三方的姿态监管企业的发展，有权对各个部门进行信息审查，避免徇私舞弊事件出现，同时见证企业的发展，提出合理的建议和参考，帮助企业形成更积极、更全面的文化体系。最典型者就是华为，华为的监督部门不受任何部门的管理，可以针对问题直接进行调查，所以华为内部的风气更加廉洁。

微商团队同样需要引入这种机制，保证内部一旦出现徇私舞弊的事件，会立即得以纠正，对相关人员进行警告或处罚。尤其是见证人和监督人的确立，直接保证了团队内部的良好运营。

1. 见证人：合作伙伴是第一选择

见证人的作用，在于观察团队的发展状况，以独立的第三方的角度做出评判：哪些团队成员能够满足发展的需求，哪些人有足够的潜力成为领袖，目前获得的成绩在行业内是否够优秀……从某种程度上来说，见证人就是微商团队的"记录仪"，记录团队的点滴变化。

对于这个职务的人选，团队内部的人员显然不是最佳选择，因为"不识庐山真面目，只缘身在此山中"。我们应当选择与团队有关联但又不在团队之中的人担任。很显然，团队的合作伙伴，如天使投资人、创始人的合作伙伴都是最佳的选择。他们可以用客观的态度观察团队的发展，然后得出自己的结论。

为了体现见证人的作用，应当要求见证人定期发布观察记录，并邀请其参加团队内部会议，以独立姿态阐述其看到的问题。这样一来，团队既能得到客观公正的第三方信息，以此提升团队的竞争力，同时见证人也感受到了尊重，他们虽然不具体参与运营，却同样是团队的重要组成部分，更加愿意分享自身资源，促进团队实力的提升。如图1.2.6-1所示。

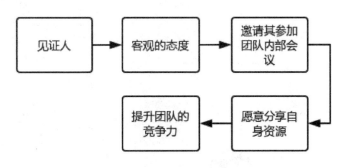

图1.2.6-1　见证人的作用

2. 监督人：团队创始人全权负责

监督人的作用，主要是对团队的正常运转负责。所以，这个人的最佳人选就是团队创始人，因为他最了解市场走向、产品优缺点、团队架构等。

团队创始人除了负责日常的运营之外，还应当做哪些工作呢？

（1）监督业务流程

监督人应对团队内部的业务流程进行细致的监督，倘若发现有人违反相应规定，应当立即做出处理，以维护团队的形象。

（2）监督价格体系

微商多数采取代理模式。随着代理商的不断增加和渠道下潜，有时不免会出现窜货的现象，导致价格体系出现波动。监督人必须时刻关注产品在市场上的售价，甚至要精准到某一个城市的某一区域。一旦发现价格出现明显的问题，监督人应立刻对代理商采取行动，避免混乱的价格直接扰乱市场。

监督人一方面需要负责团队的运营，另一方面也要对见证人负责，为其提供相应的数据报表、问题说明等；而见证人则需配合监督人的各项工作，提供相应的资源协助，帮助整个团队的实力进一步增强。两者相辅相成，才能打造出更具活力的微商团队。

Part 3

做个好头领：优秀领导人的五个要点

01　时刻保持巅峰状态

火车跑得快，全凭车头带。

任何一支团队，领头羊的作用毋庸置疑：它是团队创建的基础，是团队发展的方向，更是团队运营的原动力。我们无法想象，一个懒散、毫无战斗力的领头人能培养出一支实力强劲的微商团队。

笔者见过一些微商团队的负责人，他们一开始的确信心满满、充满激情，然而随着事业的发展却变得越来越浮夸，甚至做起了甩手掌柜。结果，原本大好的事业迅速垮塌。

> 小郑2012年大学毕业，一年后进入微商领域。他年富力强，凭借着一个人的努力打开了局面，成为某数码品牌的金牌代理。随后，他组建了自己的团队，并获得了更多品牌的授权。一开始，他和团队成员们奋斗在一起，甚至经常睡在办公室，堪称最努力的领导。但随着业务越来越好，团队建设完善，他认为自己已经到了"享清福"的时候，便很少再去办公室，多数时候都是通过电话给助手传达任务，然后派发到各个小组。他以为，这些成员已经有足够的经验，完全能够应付工作。但不过半年时间，因为销量呈断崖式下跌，多个品牌将他的代理权收回。这时他才意识到因为自己的松松垮垮，让整个团队都没了精气神。

无论微商事业发展到哪一步，保持初心，用激情对待事业，这是让事业越做越大的唯一途径。我们不能只要求员工每天加班加点地拼搏，自己却终日与朋友聊天、喝茶，丝毫不管团队的发展。久而久之，团队所有的人都会感到泄气，原本充满潜力的团队就再也没有了生机。

那么，作为团队的领头人，该如何使团队保持巅峰状态呢？如图1.3.1-1所示。

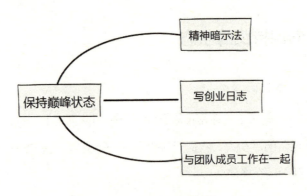

图1.3.1-1　使团队保持巅峰状态

1. 精神暗示法

每天清晨起来，我们应该看着镜子对自己说："今天又是全新的一天，我必须带着饱满的状态去工作，带领团队继续前行！"这种精神暗示法会给自己带来强大的动力，以饱满的姿态迎接工作。精神暗示的方法有很多，最重要的一个原则就是从早晨醒来时就必须强化这种暗示！越早进行，它的效果就越明显！

2. 写创业日志

俗话说"好记性不如烂笔头"。自我激励也是如此，单纯停留在口头上的精神暗示，时间久了不免产生疲惫心态，"鸡汤"也有喝到厌烦的那一天。我们必须学会写创业日志，从正式开始的那一天起，无论工作如何繁忙，都必须记下当天的心理状态，这是对一天工作的总结和反省。每隔一段时间，必须重新翻阅日志，看一看自己的情绪波动情况，倘若发现近期有所泄气，必须及时进行调整，重新恢复积极的状态！

3. 与团队成员工作在一起

人的情绪具有传染性，与积极的人在一起，自己也会充满动力。在此笔者建议：尽可能与团队成员在一起工作。团队领导人可以有自己的办公室，可以有自己的私密空间，但是在面对重要的项目和问题时，要尽可能与团队成员在一起，借助他们的蓬勃朝气来感染自己。团队成员看到领导与自己一起奋斗，工作激情也会进一步提升，每个人都处于巅峰状态。

02　助人之心和度人之心

作为微商团队的领头羊，我们的从业经历和心得体会，显然要超过团队其他成员和代理商许多。从某种意义上说，团队和代理商之所以选择我们，团结在我们的身边，正是因为将我们当作榜样，渴望从榜样的身上获得力量，并学习更多的微商技巧。所以，微商领头羊有义务帮助他们，用助人之心和度人之心促进团队成员与代理商迅速成长，这是优秀领头人的特质。只有所有的人共同进步，团队实力才会提升！

团队和代理商，这是两个不同的体系。我们必须采用不一样的模式，帮助他们共同进步。

1. 传帮带：带领团队走向辉煌

关于内部团队，因为工作通常在一起，所以微商领头羊可以采取"传帮带"的面对面模式。在团队组建初期，领头羊应当要求每一个人在每天下班前填写当日的工作报告和心得，大胆说出自己的疑惑和问题，如表1.3.2-1所示。领头羊根据这一内容，及时帮助成员解决工作难题。

表1.3.2-1　每日工作总结表

姓名：	小组：	时间：
今日工作项目		
今日工作心得		

不要小看这份每日工作总结，它会将每个人每天的工作内容淋漓尽致地展现出来，并暴露出工作中出现的问题，从而能够有针对性地解决问题，提升团队实力。

在要求团队成员认真填写的同时，团队领头羊每天必须认真阅读，及时与成员进行交流，告诉他如何解决疑惑，并将自己的经验尽可能传授给他。当这种每日工作总结不断积累，团队成员的成长轨迹便清晰可见，这对于一个人自信心的建立和能力提升都非常有帮助！

更重要的则是内部培训体系的建立。我们不妨每周利用半天的时间，针对不同小组展开专业化的培训，从基础入手，如办公软件的操作、微信公号的操作，一直到深度营销方案的制定、图片美化的技巧。团队领头羊在传授知识的同时，还可以总结自己的经验，进一步提升自我，可谓"一石二鸟"。

2. 学做教：让代理成为金牌代理

"学做教"这个词，在直销领域很常见。而微商代理多数也是采用直销模式，因此对于代理商的培训，"学做教"同样适用。

相比微商内部团队，代理商通常散布于五湖四海，面对面的传帮带模式显然不合适。因此，我们可以借助"互联网直播"的模式进行"学做教"。在此与大家分享一个案例，这是笔者曾经的一名学员创建的"学做教直播"体系，大家可以参考。

小邓运营着一款女士面膜品牌，在2015年创建了完整的代理体系，在全国各地拥有数百位代理商。为了帮助代理商走上正轨，小邓的团队在YY直播间开通了"微商营销大课堂"，并根据不同代理商的特点开设了初级班、中级班、高级班。小邓亲自出任讲师，每周都会通过直播的方式与代理商交流，并撰写相关教程。同时，在每次直播结束后，小邓也会布置相关作业，要求所有的代理商都必须按时上交，否则就有可能取消代理权。

渐渐地，小邓的代理团队越来越强大，不少人都创造了非常好的销售业绩；她也会邀请一些成绩优秀的代理作为嘉宾，与代理新人分享经验。如今，小邓的微商内部团队的成员已经达到数十人，并建立了自己的品牌、生产线和仓库，堪称国内的一线团队。

优秀的团队领导人就是这样，会帮助团队成员和代理商共同进步，打造微商领域的"航空母舰"。当所有的人都想呈现出优秀的状态，事业怎么会做不好？

03 优秀的监督员

作为团队的领头人，必须做好团队监督的工作。监督业务流程、监督价格体系，这是监督员的基础工作，决定了团队的内部发展、产品的市场稳定，是微商发展的核心。

绝大多数的微商团队领导人都可以做到以上两点。但是，仅仅做到这些是不够的。想要更加优秀，还有更多的工作要做，如图1.3.3-1所示。

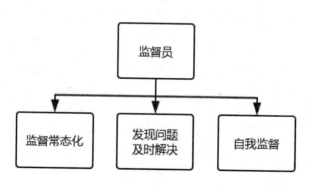

图1.3.3-1 优秀监督员的特征

1. 监督常态化

监督不是一时兴起，在某个时间点突然进行，而应该常态化，让团队的每个人都意识到：有人在时刻关注着自己，必须认真对待工作，杜绝徇私舞弊的心理。所以，当团队组建后，领头羊在第一次内部会议上就必须建立监督体系，明确说明哪些底线是绝对不许突破的；自己会时刻观察，一旦发现有人违规，会立刻进行相应的处罚。这套体系最好能够形成条例，张贴在办公室显眼的地方，既是对团队成员的一种约束，也是对自己的一种提醒：永远不要忽视监督的工作！

2. 发现问题，及时解决

监督员的意义，不仅在于发现问题，更在于能够及时解决问题。当领头羊看到团队出现了某些不良征兆时，必须第一时间采取行动，或是公开说明，或是私下解决，而不是拖延。否则，一个看似不起眼的问题就有可能酿成大错。

小周的微商团队组建不过三个月，每个员工都很努力。有一天，他突然发现，媒介小组的一名成员把电脑里的产品详细文件复制到U盘并带回家。他原本想说些什么，因为这与团队的纪律不符；但转念一想，也许这名员工是为了方便回家办公，而且这其中的很多内容都是公开的，所以就没有多说什么。

小周原以为这不是什么要紧的事，然而一个月后问题却突然爆发：原来这名员工私下里不断接触其他代理商，并用更低的价格供货。他所窃取的资料，绝不仅仅只是自己看到的那么简单！一下子，小周的业务量减少了大半，这时他才追悔莫及。

不要让问题发展到无可挽回时再想力挽狂澜，发现了问题必须及时解决，这才是优秀监督员的职业水准。

3. 自我监督

优秀的监督员，不仅要对团队进行监督，同时也会对自己进行监督。作为一支团队的领头人，必然存在一定的特权：身份特权、地位特权、财务特权。有的领头人在管理团队时不免有一种高高在上的姿态，对待员工的态度过于严厉，甚至侮辱对方的人格；还有的领头人掌握了绝对的财务控制权，总是从团队账目上进行各种不必要的支取，导致团队的账目出现严重问题，直接影响了团队的发展。

所以，领头人同样需要进行自我监督，让自己保持一颗平常心。最好的方法，就是每天写工作日记：记录当天自己做了哪些工作、与员工进行了哪些方面的交流、交流是否顺畅、是否有改进的环节、账目有怎样的变化、哪些开销是可以避免的……只有让自己的行动呈现数据化，才能找到自己的问题所在。"自我监督"并不是一件容易的事，但这却是所有优秀的监督员都必须拥有的素质。

04　成为合格的教练

优秀的领头人不仅是火车头，更是伯乐。要想成为顶级微商团队的好头领，就必须成为一名合格的"教练"，不断培养出优秀员工。而"培训体系+放权+头脑风暴"，是绝对不能忽视的三种手段，如图1.3.4-1所示。

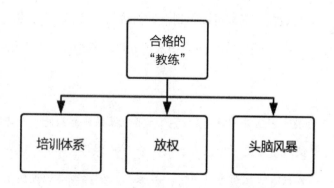

图1.3.4-1　合格的"教练"培养优秀员工的三种手段

1. 培训体系的建立

关于培训机制的建立，前文已经多次强调过其重要性。更重要的则是形成体系化。无论内部团队还是代理商，在这方面或多或少都有知识欠缺，甚至不少代理都是首次尝试微商，属于"菜鸟"级别，急需如海绵一般源源不断地汲取相关的知识和技巧。这就像我们学习驾驶技术，必须到专业驾校接受专业教练的指导和培训，并勤加练习，才能真正成为一名合格的司机。

作为领头人，必须将培训体系长期化、常规化。每周都应有针对不同程度的成员的相关技能培训，分享行业的实用技能，帮助成员快速成长。

2. 放权：让团队成员爆发自己的潜力

什么时候人最能爆发出潜能？是在工作上得心应手、完全符合自己的设想之时。所以，要想成为合格的"教练"，就必须学会适当放权，让成员自己的思维得以发散。

例如，某一款产品需要进行海报设计，领头人在确定关键词后，不妨让设计人员自由发挥，让他们通过对产品、活动的理解，进行不同风格的尝试。这时候，设计师不再只是听命，而是进入自我创造阶段，对自己的思路进行全新梳理、升级，所呈现的内容会更加精彩。

对代理商适当放权，同样可以起到很好的效果。尤其是在营销思路上，只要不违背总部的大框架，细节之处允许自由发挥，代理商就有可能创造出全新的营销理念。

小王的微商团队非常具有特色：总部会根据产品的特点、季节等制定一个大的营销活动方案，但很多细节部分，如是采取"买一送一"还是折扣形式，都放权给代理商自行决定。甚至，只要代理商的设想不违背总部的价格体系，那么他们将自己的营销活动申报给总部并通过审核后，就可以完全自主展开。这种模式让代理团队非常活跃，经常在某个区域呈现销售突然爆发的局面。

小王告诉笔者，代理最了解他们所服务的市场，所以他们所策划的活动一定是最精准、最有效的，所以，要允许代理拥有一定的自主权。

这种"总部大框架+分区自由发挥的模式"，更利于代理商探索当地市场的特点，根据不同的消费习惯制定针对性的营销策略。在这个过程中，他们不再只是被动地接受总部的要求，而是通过自己对数据的调查分析，进行营销创新。这样一来，他们的自主能动性得到提高，同时也让品牌的影响力进一步扩散。

3. 头脑风暴：让每个人"脑洞大开"

很多人都有这样的经历：一个精彩点子的出现，恰恰就是在自己胡思乱想之时。一个不经意的想法，突然找到了解决问题的思路，自身的水平也快速得到提升。

因此，微商团队在开展日常工作之时，同样不能忽视"头脑风暴"的作用。每个月抽出半天时间，召开一次"脑洞大开思维碰撞会"，允许内部成员、代理商进行天马行空的幻想，无论对于产品还是营销。对于发挥出色的成员，给予一定的奖励，成员参与的积极性就会更高。头脑风暴看似一场游戏，但事实上是为了激活成员们的创新思维，让他们可以根据产品自由发挥想象，提升自我的大局观、逻辑能力和预测能力，对提升自身实力非常有效。

05 持续不断地激励

翻阅所有团队管理类书籍，我们看到"激励法则"几乎无处不在。不管是柳传志、任正非这样的老牌企业家，还是雷军、黄章这样的新兴企业家，无一例外都将激励作为团队发展的重要手段。尤其是任正非，给华为员工提供了各种股权激励、项目奖金等，因此华为能够迅速崛起，成为通信领域的巨头。

微商团队也是一样，作为领头人，必须灵活掌握激励法则，让团队成员感受到惊喜。我们必须建立这样的认知：员工工作的第一目的是获取金钱，这是生存的基本需要。同时，要满足团队成员的精神追求，使工作带来深层次的愉悦感。所以，我们必须从"物质+精神"两方面入手，给团队成员带来全方位的激励。

1. 物质激励法

对于团队内部来说，激励成员的第一核心，就是福利丰富。要按国家相关政策要求，及时足额地为团队成员缴纳各种保险，让他们在这个团队内有安全感；而在这个基础上，必须根据项目成果，制定一套完整的奖金机制——谁的贡献最大，谁就拿到最多的奖金；谁的贡献最少，奖金也最少。收入会带来最实打实的激励，因为每个人工作的第一目的就是赚取报酬。所以，领头人必须做到公平公正，让能力优秀者感到欣喜，愿意继续奋斗，以得到更多的奖金；而后进者则会发愤图强，努力提升实力，获得更大的激励。

需要特别提醒的是：这种奖金激励法必须持续不断，按照在项目中的贡献进行分配，而不是单纯地"论资排辈"。与领头人一起打江山的老员工，当然可以获得另外一份奖励，但项目奖金的多少，必须严格按照贡献的大小分配。

对于代理商，物质奖励同样不可少。要根据不同级别的代理，制定相应的激励模式，如销售达到某个标准享受多少返现点，这是最常用也最为有效的手段。同时，制定更具吸引力的物质奖励政策，也会起到很好的作用，例如每年销量排名前三的代理商可以享受东南亚五日游，所有费用全部由总部承担。这种物质奖励尽管不是直接的金钱模式，但同样会给人带来积极的力量，愿意为了目标而奋斗。

2. 精神激励法

物质奖励法虽好，但如果只有这一种手段，不免让团队成员和代理商养成"唯物质论"的心态，若没有物质刺激就不愿意投入工作。所以，必须同时引入精神激励法，让大家感受到精神世界的满足。

精神激励法同样需要从团队内部和代理商两方面入手。对于团队内部，我们不妨学习华为的方法：每个人都有做小组领导的机会，只要做出了让人眼前一亮的成绩。这样员工的动力就会更为强劲，因为很少有人会拒绝担任领导所带来的"自豪感"！

而对于代理商，精神激励法更侧重于等级的晋升。达到相应的销售标准，或是创造出非常优秀的营销模式，就可以跻身相应的代理等级之中，享受更多的资源支持，与总部进行更密切的接触，甚至直接参与总部的各种活动。这种荣誉感，会直接转化为品牌信任度和营销积极性。

无论精神奖励还是物质奖励，都必须把握一个原则：可以给成员和代理带来满足感。无法带来满足感的激励手段，即便看起来再美，却是毫无意义的。

Part 4
团队如何带才更具活力

- 代理预审核如何做
- 如何活跃代理群
- 如何给代理商设定目标
- 使微商团队更具活力的六种心态

01 代理预审核如何做

一些微商团队很容易陷入这样的误区：代理商越多越好；只要有人愿意加入，那就无条件地放开门槛！但在实际上，这种模式真的对销售有帮助吗？

小吴是一个浙江女孩，她的一个亲戚在经营一家母婴产品公司。她和几个朋友组建了微商团队，开始销售相关产品。他们很快发展代理模式，在全国各大论坛发出了相关帖子。很快的很多人慕名而来。小吴和朋友们非常高兴，几乎不做任何审核，只要来了就能成为代理。结果没过一个月，就不断有代理商投诉，说有人在同区域恶意压价，导致市场定价一片混乱。小吴和朋友根本不知道有什么解决办法，只好随意敷衍过去。不到三个月，所有代理在论坛上抱怨连天，一致抵制小吴的产品。小吴的微商初试水就这么灰溜溜地结束了。

类似的故事，只要走进微商圈，你就会发现每天都在发生，并且大同小异。混乱的代理机制导致原本具备市场潜力的产品被代理商彻底抛弃。一般说来，微商出现的乱象如图1.4.1-1所示，无门槛代理、代理数量过多、恶意竞争、不重视品牌形象、乱价等现象时有发生。

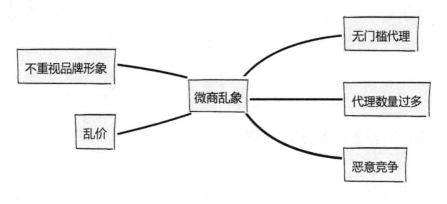

图1.4.1-1　微商乱象

所以，无论我们具有怎样的迫切心理，渴望快速打开全国市场，对于代理预审核必须严格执行。我们需要的是优质的、有实力的代理商，而不是单凭数量取胜。否则，就会陷入"越招代理，口碑越差"的恶性循环。求质量不求数量，这是发展代理模式的核心。

那么，我们应该建立一套什么样的代理审核机制呢？

1. 了解代理的从业经验

首先，必须了解代理商的从业经验：其过去是否做过微商，做过哪些产品，销量如何。这些信息可以帮助我们判断他是否能做金牌代理、区域总代理。如果经验明显不足，那么不妨客气地向对方建议：从基础先做起，了解微商运营的特点后再做大批量代理。我们可以向他推荐优质代理商，让他从下级代理开始尝试与学习，再慢慢晋升为高阶层的代理商。

2. 了解代理商的态度

做微商的目的，是为了销售产品、获取利润。但是这不等于抱着一颗赚钱的心就一定能做好这份事业。审核代理商时，我们必须与其进行交流，了解他的态度是什么，是否愿意学习，是否接受总部的相关指导和约束，如图1.4.1-2所示。倘若对方表现出无所谓甚至不情愿的态度，那么即使他有着丰富的经验，也不是我们最好的选择。因为这类代理商会完全按照自己的思路进行营销，有时候不惜采取扰乱市场的手段，如窜货、恶意倾销等。对于这类代理商，我们要坚决拒绝。

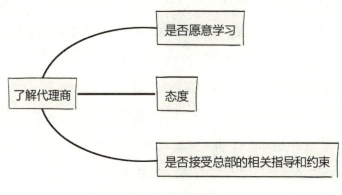

图1.4.1-2 了解代理商的态度

3. 保持区域的健康发展，杜绝"数量为王"

一个健康的代理机制，通常为"总代理—大区代理—区域代理—终端代理"的模式。我们的代理体系，也要尽可能按照这样的标准；尤其对于总代理和大区代理，必须按照地域进行划分，限制相关代理的数量。这样做，是为了保证一个区域的健康有序发展——当一个地区有一百家区域代理，而每一家的价格、活动都完全不同，这会给消费者带来怎样的困扰？在移动互联网时代，所有的信息都是透明的，当消费者感到自己完全无从选择，被产品迷惑，就会放弃购买。没有了消费者，拥有再多的代理商又有什么用？

所以，我们必须做好代理预审核的工作，从数量为王转变到质量为王，这样团队才能健康有序地发展。

02　如何活跃代理群

随着代理的不断发展，代理商团队渐渐具有了一定规模。这时候，我们必然会创建代理群，或是通过微信群，或是通过QQ群，每个社群里都活跃着几十甚至上百个代理商。这时候，我们将会面临新的问题：如何活跃代理群？

一个死气沉沉的代理群，充斥着各种无关紧要信息的代理群，势必会给所有人带来负面影响，没有销售的热情与积极性。想要让代理群活跃起来，我们就必须记住这个原则：代理群的活跃度，等于赚钱的速度！钱赚得越快，每个人越能快速获得收益，那么整个群必然讨论热烈，呈现出欣欣向荣的姿态！

有了这个原则，我们就找到了活跃代理群的方法，如图1.4.2-1所示。

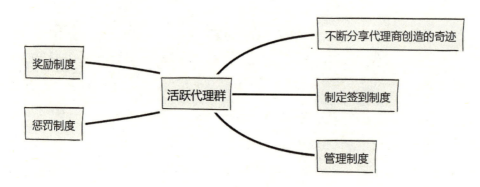

图1.4.2-1　活跃代理群的方法

1. 不断分享代理商创造的奇迹

代理群的管理员，都由团队内部成员组成，对每个代理的销售业绩有着准确的统计。所以，我们应当每周发布一次代理销售榜单，让所有人看到这个周期内，哪些代理商创造了销售奇迹，哪些代理商的业绩落于下风。尤其是对于排行榜前列的代理，一定要挖掘他们的故事，形成文章进行分享，让所有人从中学习和感悟。每个人都能不断进步，代理群的热度必然居高不下。

2. 制定签到制度

QQ群有一个很特别的功能：签到。这个功能，很容易形成"趣味化互动"，每天每个代理的签到积分都会获得累计，并可以直接公开在QQ群之中。所以，社群管理员应当结合各种活动，鼓励大家进行签到，例如连续签到30天免费参加VIP培训课程。签到就是为了让所有人看到——这个社群活跃度很高，而不是死气沉沉！

3. 管理制度

活跃的代理群，一定充满积极正能量，话题集中在大家感兴趣的领域。所以社群管理员必须制定一定的管理制度，杜绝灌水广告、杜绝谩骂争吵，倘若有人违规，必须进行禁言甚至开除出群。

这种管理制度，就是为了让代理商明白：这个群的目的是学习与分享，而不是情绪宣泄，必须遵守相关规定。社群管理员应当在社群公告处，明确写明群内规则，让所有人都明白什么能做，什么鼓励做，什么不建议做，什么坚决杜绝，如图1.4.2-2所示。管理制度体现了一支团队的态度，松松垮垮，只会让人认定这不是一个具有专业态度的微商团队！

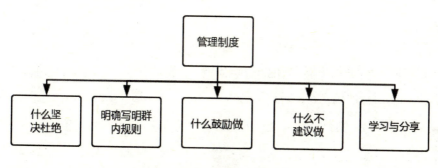

图1.4.2-2 管理制度要严格

4. 奖励制度

奖励制度，是为能够给社群带来积极推动力的代理商设定的。例如，A代理商分享了一篇原创的营销思路文章，并引起其他代理商的广泛讨论，那么社群管理员就应当第一时间进行奖励。这种奖励，可以主要侧重于精神领域——微公号个人访谈、视频公开课嘉宾……这名代理就会产生自豪感，也是对自己的一次曝光，未来会进一步分享经验；而其他代理商也会主动努力，从而获得相关奖励。这时候，代理群的活跃度自然水涨船高。

5.惩罚制度

有奖励，自然就有惩罚。当内部团队发现有代理商出现明显问题，如私下窜货、恶意倾销时，必须第一时间进行惩罚，或是限制其代理权限，或是直接取消他的代理资格。而这些处罚内容，必须在代理群中进行公开展示，并详细说明为什么会采取如此严厉的惩罚。无规矩，不成方圆，每个代理商看到品牌有着明确的规则制定，就会认定这是一个真正成熟的品牌、有追求的品牌，愿意与其他人分享、交流，提升代理群的活跃度。

03　如何给代理商设定目标

团队的创建，需要进行数目、时间等一系列的目标设定，代理商同样如此。我们必须给代理商设定合理的目标，保证品牌销量的同时，提升代理商的综合实力。

代理商目标的确定，最忌讳的是一刀切：所有代理商，都必须完成相同的业务指标。这样做，势必会引起代理的反感，因为每个人所处地区的人口、消费习惯、消费人口都有明显不同，刻意追求统一的目标，不仅让难以实现目标的代理商心灰意冷，那些能够轻松实现目标的代理商也产生懈怠情绪，丧失全身心投入的动力。

给代理商设定目标，一定要因人而异。以下这几个维度，是制定代理商目标的原则，如图1.4.3-1所示。

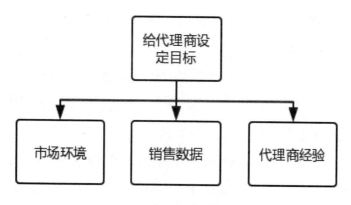

图1.4.3-1　给代理商设定目标的维度

1. 市场环境

市场环境，包括了代理商当地的人口数量、消费习惯，以及同类型产品的数量和销售态势。根据不同代理商进行针对性的数据调研，我们能够找到究竟怎样的数据才是合理的。我们不妨多参考竞争对手披露的数据，以此判断这个地区的市场潜力有多大。

2. 销售数据

这里所说的销售数据，就是指之前一年每个月的销售数据，而不是单纯的某一天、某一周。通过数据波形图，我们可以看到这个市场的发展走势，例如去年全年的销售量为300万，那么可以判断，今年的销量应当在300万～350万之间是最为合理的。而七月销量最大，这就是黄金销售期。

对于尚未进入的全新区域市场，我们同样需要参考竞争对手的数据，以此作为目标确立的标准。

3. 代理商经验

每一个代理商的实力都有所不同，有的具备了非常完整的团队，有的则起步不久经验有限，所以对于他们的目标确认，应当有所区别。尤其是对新的代理商团队，我们可以采取循序渐进的模式，以月为单位，逐渐提升销量，并给予一定的扶持和帮助。当代理商感受到温暖，他们会主动寻找快速成长的方法，成为微商销售领域中冉冉升起的新星。

最后需要说明的是，给代理商设定的目标并非完全不可修正，我们可以根据市场、行业环境的变化，对目标进行微调。例如，某城市某区域新建了两所大学，而我们的产品恰恰针对年轻人，那么代理商的目标就应当适当提升；反之，倘若这个地区突然有重点企业、重点高校迁出，整个区域进行重新规划和拆迁等，那么目标不妨适当降低。"量身定制，严格执行，灵活微调"，这种目标模式才能让代理商既不会被目标吓倒，又产生想要挑战的欲望，不断深度挖掘市场！

04　使微商团队更具活力的六种心态

团队的活跃，不仅需要团队创始人一个人努力，更需要建立一个完整的文化理念，根植于每一个人心中，形成良好的团队心态。以下这六种心态，是团队每一个人都必须拥有的，拥有了它们，就等于点燃了团队的活力！

1. 不传播负面能量，多用正面语言

在团队交流中，每个人都应当多用积极的正面语言，尤其是上级面对下级之时。遇到问题，最忌讳的就是说："我看你的能力根本不行！"这种语言，很容易让人产生消极心理，甘愿自暴自弃。倘若不加限制，甚至会形成"传染病"，每个人说的话都无比刻薄，导致团队凝聚力急速下降。

即便面对差错，我们也应当用正面的语言进行解决。例如："这件事的确有问题。那么现在是否有及时纠正的机会？我希望能看到你力挽狂澜，将这次危机彻底消除，我相信你有这个能力！"一句话，就将士气点燃！

2. 消极的内容向上传播，积极的内容向下传播

绝大多数团队，都会呈现金字塔结构，上层为领导层，越往下层，人数越多，也越接近生产核心。金字塔结构，很容易出现这样一种现象：从上而下发出的信息，越靠近下层，传播范围就越广。

正是因为这种现象，对于团队内出现的信息，必须有所区分：积极的内容向下传播，例如拿到了新产品的代理权，团队将会开展全新业务，让每个人都欢欣鼓舞，激活团队活力；而消极的信息，例如某次营销出现了偏差，导致产品销量不佳，尽可能直接向上级领导汇报，而不是在同事之间传播，避免负面的情绪被放大。如图1.4.4-1所示。

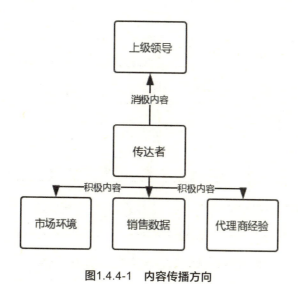

图1.4.4-1 内容传播方向

3. 不诋毁同行

无论我们的生意现状如何，都不要诋毁同行。因为这种心态，就是一种推卸责任的表现：将所有的不如意归咎于竞争对手，忽视自己的主观能动性。无论遇到怎样的发展瓶颈，我们都需要从自身分析问题，找到解决之道。即便真的遇到了同行的不正当竞争，也应该主动寻求法律手段进行解决，这样团队才会建立这样的思维："不

管遇到什么问题，我们都能够自行解决，同行不是我们消极工作的借口！"

4. 上级可以越级检查，但不越级指挥

一支成熟的团队，最忌讳的就是管理混乱，团队创始人直接插手一线工作，导致小组领导被架空。这种情形被一线成员看到，会认为企业出现内讧，自己的直接领导已经没有权力，势必引发人心惶惶，团队活力降低。所以，无论对于哪一个阶层的领导，我们有越级检查的权力，可以直接调取数据、分析工作进度，但对于指挥权，依旧交给小组的直接领导，如图1.4.4-2所示。这样做，既保持了小组的正常运转，又能监督工作的进行，保证管理制度不被打乱。

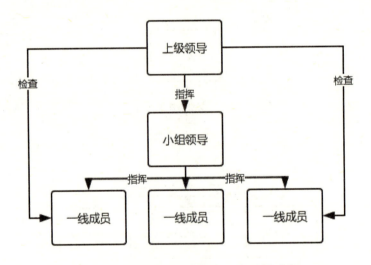

图1.4.4-2　上级可以越级检查，但不越级指挥

5. 下级可以越级申诉，但不越级汇报

上级不可越级指挥，下级同样不能越级汇报。很多人都有这样一种心态：一旦和直接领导的意见不一致，那么就选择直接越级汇报，以此达到目的。一支团队一旦形成这种习惯，整个管理体系就会被彻底打散，领导不能有效带领团队，团队成员也不服管教。所以，我们必须将这条内容写进团队管理手册，下级与直接领导出现摩擦时，可以进行越级申诉谋求公平，但决不能所有事情都越级汇报，必须严格

按照团队的工作流程进行!

6. 没有你我他，只有我们

少说"你我他"，多说"我们"，尤其需要引起团队领头人、各个小组负责人注意。有的时候，一些领头人在开会时会说："你们这次营销不是很成功，希望你们好好总结一下!"说者无意听者有心，团队成员会认为这是负责人在刻意撇清责任，所有的"锅"，都是由一线员工来背，心理感到不平衡。久而久之，他们会对领头人和负责人失望，对团队失望。

领头人应当多用"我们"来拉近与成员的距离，让团队感受到领头人与自己始终站在一起。例如这种说法，就很容易得到成员理解，并愿意接受批评，进行改进："我们的这次营销失败的确不应该，接下来，我希望我们大家一起都能坐下来仔细分析，咱们一起找到解决方法!"

Part 5

打造狼性团队：
如何给团队做线
上与线下内训

📖 动感情：如何触动团队成员最敏感的神经

📖 培训人员职责安排的六个秘诀

📖 内训分享内容布局的三大诀窍

📖 内训时课程控制技巧与方向把握

01 动感情：如何触动团队成员最敏感的神经

每个人在接受培训之时，最不愿听到的，就是大道理。用当下的一个词就是："毒鸡汤"。无穷无尽的大道理，只会让人感到乏味。绝大多数的道理几乎人人都烂熟于心，从小到大反复聆听，即便再充满哲理，也让人新生厌倦。

什么样的内训，最能打动人心，最能触动团队成员最敏感的神经？最有效的方式，就是调动感情，用情感让团队成员意识到：自己还有很多地方可以改进。尤其是借助自身经历、榜样力量这两种方式，团队激情很容易被点燃，如图1.5.1-1所示。

图1.5.1-1 情感内训的核心组成

1. 讲故事：用经历打动成员

没有什么道理，比现身说法更有力量。尤其当团队领头人可以分享自己的经历时，这种情感的渲染力，远比几句励志的口号更能打动人。笔者就听过这样一段简单的自我阐述。

我曾经是个下岗职工，遇到过困惑，甚至想要逃离生活。但是，当我看到家里还有一个上中学的孩子需要抚育，妻子一个人不得不扛起所有的重担，我一下子变得不再脆弱了。在那些年，我的妻子一个人在街边摆摊卖袜子、卖手套，有时候一天都赚不了20元钱。

东北的天气很冷，冬天时经常零下二十度，但妻子没有多说什么，有时候为了这20元钱，不得不熬夜到凌晨三四点。看着这个家，我意识到，

53

如果再萎靡下去，自己就不配做一个男人！所以，我只身选择来到了南方，在一家小企业里做流水线工人，每天工作12个小时。

但即便如此，我也咬牙忍着，中午饭不吃，每个月将钱寄回老家，只留两百元的生活费。从流水线工人，我做到了小组负责人，又做到车间副主任，这一切，都是我用血和泪换出来的。后来，我有了新的机会，接触到了更大的舞台，渐渐走进微商的世界。

一开始，我也曾被骗过，兜里只剩五元钱。但是即便如此，我依旧不敢放弃，咬牙重新开始，有了新的业务，有了新的渠道。现在我们的团队虽然壮大了，但是，我希望每个人都能想一想，如果有一天，我们落魄了该怎么办？唯一的选择，就是想想家人，把所有抱怨都吞进肚子里，然后继续坚持！这才是我们做人的责任！

这是我在一支微商团队内部会议中听到的创始人个人经历。当这个故事讲完后，所有人无不发自肺腑地热烈掌声！我能感受到，这支团队的凝聚力正在不断增强，即便过去有多少抱怨，这一刻全部烟消云散。因为创始人的经历，告诉了所有人一个道理：只有经历风雨，才能终见彩虹！

每一个微商团队的创始人，都是有故事的人。不要让故事藏在心底，而是应当分享给团队的每一个人，让自己的经历，成为一张有力的情感牌！

2. 找榜样：榜样的力量是无穷的

榜样的力量是无穷的。想要激发团队的狼性思维，我们可以邀请行业内杰出人士，亲自给团队成员上课，感染每一个人。这种榜样式培训，技巧是其次，最重要的，是用榜样的力量感召每一名成员，让他们意识到：榜样的成功并不容易，同样需要进行艰辛的付出，最终才取得了这样的成就。尤其各种经典案例的分享，以及榜样的从业历程，最能打动人心。

在日常管理工作中，我们需要多了解：团队的共同榜样是谁，他有着怎样的故事。接下来，我们不妨通过各种渠道对其进行邀请，让他为团队上一堂"微商励志课"。当团队看到了榜样就在眼前，并分享成功的经验时，那么他们必然会受到感动，愿意如榜样一般去努力、去进步，如狼一样战斗！

02 培训人员职责安排的六个秘诀

培训体系的建立，需要经过一定时间的摸索与尝试。尤其针对代理商的培训课程，更需要技巧化的手段，打动每一名听众的心。在此，笔者与大家分享一个管理人员安排的秘诀。这个秘诀，在很多微商团队中得到了验证，如图1.5.2-1所示。

1. 群管：内部讨论确定主题

每一次内训开始前一周，社群管理员应当提前发布相关内容，并及时号召大家进行讨论：这一期的主题，我们希望侧重于哪个方向？这一期的讲师，我们最渴望看到的是谁？群管不妨发起投票活动，供代理商进行选择，并提出建议。这样做的目的，就在于对内训进行预热，提前在群内掀起一个小高潮。

2. 群秘书：通知与提醒

群秘书的工作，在于配合群管的各种话题发起，第一时间通知所有人参与讨论。在活动临近开始前，群秘书应当逐个通知代理商，将详细的活动内容、活动时间进行发布。尤其在活动开始的前两个小时，更应当在官方微博不断发起"倒计时"提醒，用一种紧迫感提示代理商：内训马上开始，千万不要错过！

3. 主持人：活跃气氛，穿针引线

主持人是内训活动顺利开展的重要一环。我们所选择的主持人，应当口才、形象俱佳，可以用风趣、幽默的语言，迅速点燃内训的氛围，引导参与者进行广泛的

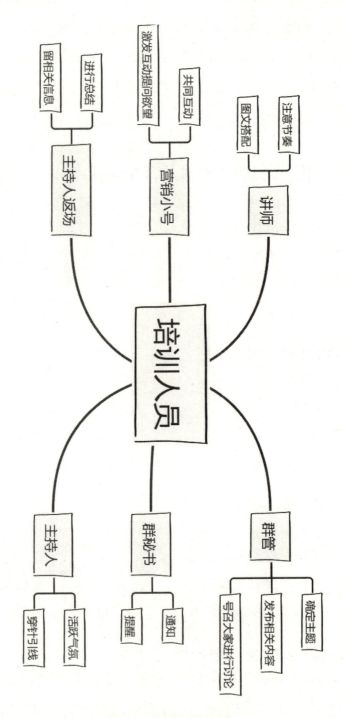

图1.5.2-1　培训人员职责安排

讨论。同时，主持人应当把握节奏，在所有人最渴望讲师出现时，快速介绍讲师的经历、背景，用充满诱惑力的语言欢迎内训师登场，全面提升内训的吸引力。

4. 讲师：图文搭配，注意节奏

讲师，是内训的核心。无论我们的讲师是微商团队创始人还是外请相关专家，都必须做到专业、精准，给受众带来最有价值的内容。尤其是讲到具体案例之时，一定要注意图文搭配，重点内容采用图片、动画等多媒体形式，加深听者的印象。同时，讲师也必须注意节奏，重点的问题留一定时间让听众消化，而不是单纯地进行自我陶醉式讲述，完全不关注听众是否理解相关内容。

5. 营销小号：点燃互动

为了创造更好的内训氛围，微商团队不妨采用多个营销小号共同互动的模式，提升内训的气氛。需要特别注意的是：这种互动并非为了作假，而是提出实打实的问题，让讲师进行深度解答。很多代理商在内训时，会限于面子等问题不愿提问，结果浪费了这次宝贵的机会，内训效果打了折扣。营销小号的目的，就是将相关问题抛出，帮助大家解惑难题的同时，也激发互动提问欲望。

6. 主持人返场：总结发言

内训接近尾声，主持人会再次返场，对这次内训进行总结，尤其是重复重点知识点。随后，主持人宣布内训结束，并留下讲师的相关信息，以便学员咨询。这样一来，一场有内容、有氛围、有价值的活动，就得以圆满结束！

03 内训分享内容布局的三大诀窍

无论线上内训还是线下内训，讲师讲解的都是核心内容。讲师讲述内容的优劣与否，直接决定了最终效果能否达到预期。所以，讲师必须做好内容布局，做到有详有略。在此，笔者与大家分享一下自己在社群中的培训技巧——"433"模式，如图1.5.3-1所示。遵循这个模式，社群内训的效果就会大为提升！

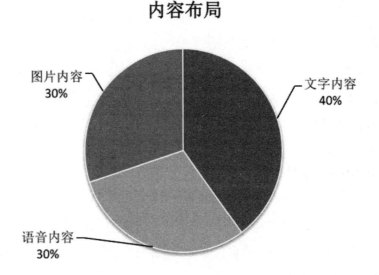

内容布局

图1.5.3-1 "433"模式布局法

1. 40%是文字

　　文字内容，在内训中是重点部分。借助PPT、动画等手段，我们将内训的重点要点形成文字，并以着重加粗的形式展示给所有人。文字可以让一次内训的内容形成完整框架，每一句话都是一个重要的知识点。笔者在培训时，就会提醒各位学员：这些形成文字的知识点，就是这次培训中最重要、最精华的内容，必须将它们抄写下来，不断加深理解和记忆。

　　需要特别提醒的是：内训的文字内容，一定要足够精准，能够概括知识点的核心。有的时候，它就像文章的标题和内容提炼点，提纲挈领、短小精悍却干货十足。倘若内容文字过多，甚至有很多并非重点内容，就会给受众群带来迷惑和干扰，导致理解和记忆效果明显变差。

2. 30%是语言

讲师的课程，势必需要通过宣讲进行传达。因此，语言也占到了非常重要的比重。尤其是对于重点文字的解释说明，都需要通过语言表达出来。语言形式的内容，主要包含了案例阐述、经历分享，以及话题的过渡和延伸。好的讲师，能够通过巧妙的语言，几句话活跃气氛、转换话题，绝不拖泥带水。一次废话连篇、毫无特点的内训必然是失败的。就像笔者曾听过的一次内训，很多人都表示完全不能明白讲师在说什么。

> "怎么说呢，这个事情吧，我觉得我们可以用另外一种角度来看，它可能根本不是我们想的那个样子。我不知道大家是不是忘了刚才的那个案例，我再简单重复一下，就是A想要融资，但一直找不到渠道，因此只好选择向B借钱。但是B拒绝了他，于是他很上心，很难过，不知道该怎么办。所以，他又求助其他人，帮自己想办法……"

这种语言风格，不仅没有重点，并且篇幅极长，几乎整场内训都是在讲师的反反复复中进行的，让人摸不到头脑，自然昏昏欲睡，效果极差。但是如果换一种说法，那么效果就会大为好转。

> "现在，让我们回到刚才的那个案例。A的所有融资手段都以失败告终。这说明了什么？对于目前来说，常规的融资手段并不轻松！那么，我们能否有其他渠道，进行合理融资？"

一句话，就说明了问题的重点，同时又给新的知识点引出做好了铺垫，所以这样的语言内容，自然能够打动所有听众！

3. 30%是图片

图片的作用，在于配合文字内容和语言内容，形成更加丰富的传播手段。图片的形式不一定多，但它足够精准，尤其是在陈述数据、比例之时，趋势分布图和比例图，显然比单调的语言更有说服力；同时，两种观念的PK，借助图片模式，也会加深受众群的印象。所以，遇到与数据相关的内容时，尽可能用图片说话，效果将更为明显。

牢牢把握"433"模式布局法，我们的内训分享就会变得生动有趣，以全面提升团队的实力！

04 内训时课程控制技巧与方向把握

内训，不是一蹴而就的事情，无论对于微商菜鸟还是微商达人晋级，都需要进行长期系统化的培训，才能起到应有的效果。所以，对内训课程进行针对性的设置和控制，是必须掌握的技巧。合理的课程控制与方向把握，既能让团队、代理商获得最有用的知识，同时还能进行自我联想，并对未来的课程做出规划，从而形成循序渐进的学习模式。一味追求"高效、高速"，想一口气吃成个胖子，结果只能是囫囵吞枣，消化不良。图1.5.4-1所示，为内训课程的注意事项。

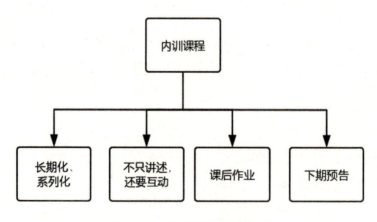

图1.5.4-1　内训课程的注意事项

1. 长期化、系列化

内训的所有内容，都应当形成长期化、系列化的特点，不追求一次培训就讲完所有知识点。例如针对新媒体小组的内训，我们不妨将课程设置为"微博营销思路之转发与评论""微博营销思路之话题设定与活动发起""微信公号精准引流策略1"……每一次内训，都有一个精准的内容，可以进行深度展开与分析，这样受众群才能将重点完全吸收，而不是一次讲述了所有内容，但都是泛泛而谈，根本起不到培训的意义。

2. 不只讲述，还要互动

内训时，同样需要注意节奏感，不仅只是讲师的单纯讲述，还应当加入听众的反馈、提问等。这个时候，主持人的作用就非常重要：及时捕捉受众群的心理状态，与讲师进行沟通，对较难理解的知识点与听众互动，解答内心疑惑，做到受众群可以真正理解、真正吸收。

3. 课后作业

通常来说，一次内训的时长，多数在60～90分钟之内，期间会充满很多知识点，单凭这一个小时左右的时间，不能保证所有人完全消化吸收。所以，我们应当针对重要知识点布置作业，让听众在内训结束后继续思考，继续消化。就像QQ群推出的新功能"作业"，就可以实现这个目的。讲师提出问题，每个人及时上传答案，讲师在线做出点评，内训效果将更为突出。

4. 下期预告

每次内训结束之前，我们还应当进行下期预告，让团队成员了解下一期的内容是什么，重点是什么，提前做好相关课程的准备，不至于下期课程开始后却一无所知，严重影响进度。

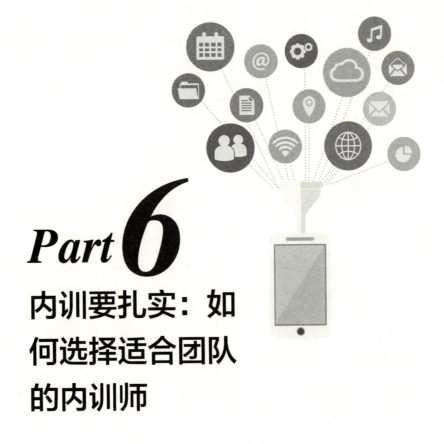

Part 6

内训要扎实：如何选择适合团队的内训师

📑 气质佳：气质要与品牌相符

📑 人气旺：人气是衡量内训师才能的重要标准

📑 够权威：行业内口碑好才更有说服力

📑 干货多：培训内容能够极快落地

01 气质佳：气质要与品牌相符

每一个人都有自己的气质和定位，内训师也是一样。有的内训师，主要钻研3C数码领域，具有很强的数码知识储备；有的内训师，则主打女性化妆品领域，所透出的气质必然是时尚的、前卫的。不同的内训师，所创造的内训氛围截然不同，在选择内训师时，我们要寻找与团队、品牌气质相符的人，这样才能起到积极效果。

某学员曾经和笔者抱怨："上一周，我邀请了一名知名内训师，虽然他是做保健品培训的，但经验丰富，很多理念我觉得我们化妆品行业同样适用。但是让我意外的是，我们的团队成员几乎非常不配合，场面冷冷清清特别尴尬。真不知道他们是怎么想的！"

听完他的抱怨，我忍俊不禁地问："假设你是一名学生，今天要上一堂英语课，但走进教室，却发现来的老师是体育老师，你会有什么样的感觉？"

他愣了愣，一下子发现了问题的所在。

并不是说，保健品领域的内训师实力有限，而是说他与化妆品行业从业人员的气质完全不符，所以很难让团队产生共鸣。即便他的内容再有道理，但先入为主的"隔行如隔山"印象，让人不由自主地产生了排斥。

所以，选择内训师的第一个原则，就是要尽可能切合本行业，即便有跨界，也应当是关联跨界。例如彩妆之于女装，它们的行业类型有一定接近，产品之间是相辅相成的关系，所以内训师的气质也会较为统一，让人感到信服。

气质相符，仅仅只是第一个目标的达成。形象、气质俱佳的讲师，才会给人带来美的感受，让人愿意接受输出的内容。

下面和大家分享一个同行的经历。

小Z是一名代理培训者，能力很强，培养出了不少优秀的团队。但是有一次，因为飞机误点，他到达目的城市后已经早上7点，9点半就要开始培训课程。在酒店短暂休息了片刻，他急忙赶赴现场。但是因为时间匆忙，他没有来得及拾掇自己，头发有些脏乱，胡子也忘记了刮。学员们看到这样的导师，掌声稀稀落落，整场培训效果非常差。会后，他一再向组织方道歉，并主动加了一场课程，这才挽回造成的不良影响。

所谓"人靠衣装马靠鞍"就是这个意思。气质不佳，就可能会给团队成员留下不好的第一印象，甚至产生排斥的心态。总而言之，选择内训师，一定要对这个人有充分的了解，看看他是否有极佳的气质，是否能够与品牌合拍。否则，即便他的名气再大，也不是我们最需要的那一个！

02 人气旺：人气是衡量内训师才能的重要标准

气质与品牌相符，只是选择内训师的第一个标准。更重要的标准，则在于内训师的人气。可以看到，很多微商团队在邀请内训师时，总会从他的当下人气入手进行考察，倘若几乎看不到他的热点新闻，也没有听说服务过多少团队，那么这位内训师就不是第一选择。

有学员曾经提出疑问："为什么多数团队都会选择高人气的内训师做培训呢？难道那些没有形成人气的内训师，就真的没有实力吗？"

之所以选择当红人气内训师，我们主要从下面这几个维度进行考虑，如图 1.6.2-1所示。

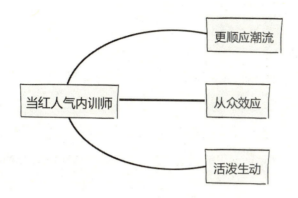

图1.6.2-1　当红人气内训师的优势

1. 更顺应潮流

某位内训师在当下非常火热，收到了不少团队的邀请，这就说明：他的理论、方法、体系非常适合当下的发展形势。例如，一名内训师的特长，就在于O2O体系的打造和运营，而移动互联网时代，O2O是很多品牌都要尝试的转型升级模式，所以一旦邀请这样的内训师做培训，就可以与当下潮流紧密结合，创造出最符合时代特点的O2O体系。

仅此一点，就成为了高人气内训师最大的优势。

2. 从众效应

人都有从众心理，关注度越高，人们渴望得到的欲望就越强烈。就像临街的两家餐厅，第一家每天人满为患，前来就餐必须排一个小时的队；而第二家门可罗雀，从落地窗看进去里面空空荡荡。倘若我们第一次来到这条街，会选择哪家餐馆？毫无疑问，就是前者，即使两家餐厅的味道差别并不大！这就是从众效应带来的心理暗示。

内训也是如此，一名高人气的内训师，必然会给团队带来一种暗示："这是目前最火的内训师，每个团队都在排队等着他上课，说明他一定有很多真材实料，绝对不能错过！"一旦形成这种心态，团队成员在接受培训时必然更加全神贯注，投入到课程之中。

3. 活泼生动

一名内训师逐渐形成自己的高人气，无形之中也会提升自信心，在授课过程中更加收放自如。可以看到，那些高人气内训师在培训的过程中，经常会讲一些小笑话，用幽默的语言活跃气氛；也经常会与团队成员进行互动，即便遇到棘手的难题也能迎刃而解。整个培训课程既轻松又充实，团队成员在快乐的情绪中，将所有知识进行吸收。

这一切，都源于内训师的自信。而反观那些人气较低的内训师，因为自信心的缺乏，所以培训时就略显刻板、紧张，氛围过于沉重，很多时候甚至变成了照本宣科。这样的内训，显然不利于团队成员更加快速地成长。

03　够权威：行业内口碑好才更有说服力

无论是谁，都有"崇拜大师"的心理，大师象征着权威，象征着话语权，象征着地位。某种程度上，大师甚至代表了一定的真理——倘若他们的话没有价值和说服力，怎么可能成为行业领袖、行业专家？

内训也是一样，多数团队的成员，尤其是"菜鸟"级别的成员，更愿意相信权威的语言。笔者就曾遇到过下面这样一个团队。

湖北的一支微商团队，为了提升成员实力，与某家微商培训机构合作，展开了一系列的内训课程。但是经过了一段时间的培训，团队创始人发现效果并不好。于是，他和成员进行交流，成员和他说："这些培训老师又不是什么行业专家，我觉得他说的很多话，其实我早就知道了！老板，不是我觉得他们不够优秀，只是他们是不是太稚嫩了？"

其实，这家微商培训机构笔者有所了解，其中几名培训师能力出色，潜力出众，假以时日也许会成为行业的顶级培训师。但从目前来看，他们的资历尚浅，经验明显不足，很难做到完全服众。缺少了一个"重量级内训师"的坐镇，他们的底气就不是那么足，尤其面对听众较为直接的发问，不免遭遇尴尬。结果，微商团队成员不能完全投入课程，培训师所做的内训也成了无用功。

相信权威，这是人之常情，尤其在刚刚进入某个全新行业时，我们对口碑好、够权威的大师、专家更为青睐。所以，在选择内训师时，我们要尽可能与那些行业知名专家进行合作，用他们的影响力让团队感受到——这位老师的课程非常有效，所说的各种案例、技巧、模式更有信服力！

那么，什么样的人，才能被称得上为大师、专家？如图1.6.3-1所示，具备这几个要素，才能称得上是专家。

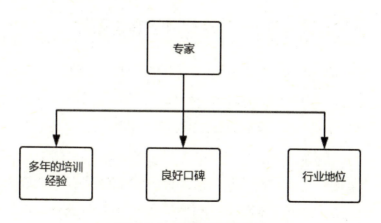

图1.6.3-1　权威内训师的特征

首先，这名内训师应当具有多年的培训经验，这个时间通常不会低于五年。时间是实力的积累，只有长时间的经验积累，所说出的话才更有针对性，更有信服力。

其次，是行业内的良好口碑。所培训的微商团队，多数都对他竖起大拇指，证明了他有实力做好内训，团队愿意接受他的指导。

最后，则是举足轻重的行业地位。权威的内训师，通常在行业内具备很强的话语权，或是某知名机构的创始人，或是某协会的重要成员，能够经常出席行业高端峰会。这些资历，都是个人身份最强有力的证明。

找到了权威培训师，内训的效果就会大为提升。不过，笔者需要做出一个提醒：相信权威，不代表迷信权威。没有干货做支撑，所谓的权威不过就是花架子，可远观却不能合作。所以，我们必须对权威内训师进行调查和考核，他能展现出真正的实力，才是我们最需要的内训师。

04 干货多：培训内容能够极快落地

人气旺、够权威、气质佳，这是一个优秀内训师的构成基础；但还有一个重要的环节，是绝对不能或缺的——干货多！所谓干货，就是内训师可以拿出实打实的内容，帮助团队成员实现质的提升！没有干货作支撑，这名内训师就是"金玉其外，败絮其中"，空有一副架子，却没有真正的内涵。如图1.6.4-1所示，只有形成"四位一体"，这名内训师才会真正给团队带来帮助。

例如，笔者在每次培训课开始之前，都会发布课程海报，详细说明这次培训会给大家带来哪些内容，如"带领微商团队的十五个关键词""产品价值塑造十大招（上）"等。言简意赅的文字说明，会让学员立刻了解到我能给大家带来什么、能够帮助大家解决怎样的问题，这种实打实的干货是学员们最需要的，所以每次预告海报发布后，就会有很多学员进行前期咨询；培训正式开始后，现场也非常活跃，每个人都投入于学习的气氛之中。

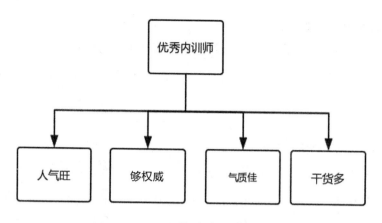

图1.6.4-1　**优秀内训师的"四位一体"**

与此同时，在培训课结束后，笔者也会亲自走到微商团队的中间，与团队成员进行直接交流，咨询他们是否理解了课程内容，能否在工作中进行了实践操作。如果有疑问，我们会继续进行培训和讨论，直到他可以真正独当一面。

再优秀的内训内容，倘若始终不能落地，一直悬在空中，那么它就是空中楼阁——看起来美，却没有任何实际作用。这不仅不能给团队带来有效的帮助，反而还会无形中让团队成员养成空谈的坏习惯，百害无一利！

所以，当我们选择内训师时，必须从这几个角度进行观察，如图1.6.4-2所示。

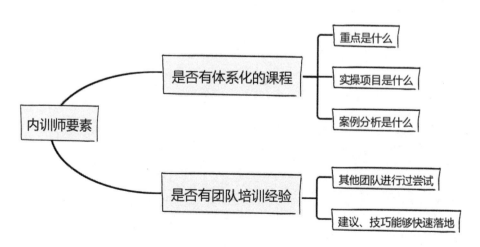

图1.6.4-2　**选择内训师时应注意的要素**

1. 是否有体系化的课程

体系化的课程，保证了所有内容都会以有条不紊的节奏展开，如每一堂课的重点是什么、实操项目是什么、案例分析是什么。实打实的内容体系，是干货组成的核心。

2. 是否有团队培训经验

一个优秀的内训师，一定有过丰富的培训经验。尽管经验并不完全决定实力，但丰富的经验能够证明：很多讲解的内容，都在其他团队进行过尝试，所提出的建议、技巧能够快速落地。没有经验作为支撑，所有知识分享仅仅只是理论层面，一旦遇到现实，很容易无法继续。

归根到底，干货决定了内训师的内在实力，没有干货，即便这名内训师的头衔再多，我们也应当拒绝。

第二篇 微商引流平台、工具及策略

——引流不是广撒网，要精准"钓鱼"

- 引流平台选择：借塘打鱼，选对"鱼塘"很重要
- 找对工具：粉丝引流，实用工具少不了
- 粉丝引流"爆粉"的四个怪招
- 朋友圈引流策略
- 敢造势善造势：如何造势更吸引人

Part 1

引流平台选择：
借塘打鱼，选对
"鱼塘"很重要

01　引流前要精准分析

　　对于微商而言，引流效果直接决定着关注量的多少，并影响到购买量转化的多少。因此，重视引流工作不仅意味着将之看成重要环节，还要懂得如何提前做好精准分析、充分准备。忽略了这一点，微商引流很可能会陷入徒劳无功境地。

　　总体上看，引流之前的精准分析要从三个渠道着手：产品分析、用户分析和渠道分析。

1. 产品分析

　　任何引流的最终目的，都是为了让客户接受你的产品，脱离产品谈引流只会徒劳无功。图2.1.1-1所示，为产品分析的几个参考角度。

　　在引流之前，首先要分析产品的质量是否符合用户期待、是否具有明显的功能特色、在何种方面具有明确竞争力等，这样才能有针对性地打造出最佳引流手段。

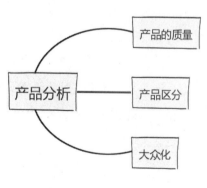

图2.1.1-1　产品分析的角度

　　其次，应该进行产品区分，选择出能够担任吸引流量的主打产品，以便用于引流的不同阶段，实现不同目的。

　　例如，某化妆品微商对产品分析后，决定选择毛利率趋于中间水平、消费率较高、消费限制较少的面膜作为引流产品，这种产品能够让绝大部分人都能接受，其历史消费数据也证明了这一点。推出相关活动后，该面膜产品迅速带来了大量新关注微店的人群。

通常而言，微商想要尽快扩大流量，就应该保证产品的"大众化"特性，在此基础上再观察数据，从而保证产品有较大价格或其他方面优势，便于吸引眼球，占领先发位置。

2. 用户分析

分析用户，是为了能够在引流之前，就掌握目标用户的信息。在开始引流之前，我们应该先对用户主体人群加以分析，包括用户的性别、年龄、收入能力、社会地位、家庭结构、对移动互联网的依赖程度等。只有确定这些基本要素后，我们才能对引流对象加以"画像"。

引流前的用户分析，要利用分类思维进行，即采用封闭性分类方式来判断用户价值。

例如，在某个英语在线教育课程的引流行为开始前，先将所有移动互联网用户分为有学习英语需要和没有需要的人，再进一步对其中各个年龄段、不同工作性质的人进行定义，分别划分为高价值、中价值和低价值的客户……

这些所有的子分类集合，能够指向最有价值的引流对象人群。

当然，对用户的分析方式不可能一成不变，需要根据应用场景、业务需求的不同灵活变化，按需划分即可。

3. 渠道分析

今天的微商引流，渠道多元化趋势日益明显，而绝大多数微商受限于成本和资源，不可能一次性全渠道进行引流。因此，必须要学会在引流之前，从引流方案、引流对象、引流产品的特点出发，对多种渠道进行比较，找到效率最高的渠道。

渠道的分析包括平台分析，即渠道建立在何种形式与内容上，如门户网站、微博、微信等；传播分析，即渠道传播的能力、半径、范围、速度等；对象分析，即渠道所能接触的用户主要构成特点。这些分析不应凭借单一的想象或者盲目的追风，而是应该通过调查研究历史数据得到明确结论。

02 主流社交引流平台：微信、微博、QQ

主流的社交引流平台包括微信、微博和QQ等，电商实际操作时需要根据其不同特性加以选择和利用。

1. 微信引流

微信引流主要通过朋友圈、好友和公众号，如图2.1.2-1所示。当原本对产品和服务并不熟悉的人利用微信了解产品之后，很可能被吸引。

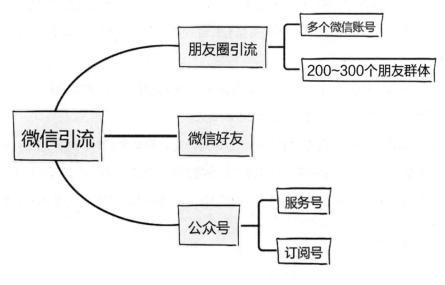

图2.1.2-1 微信引流的方法

（1）朋友圈引流。可以建立多个微信账号，让业务员建立不同朋友圈进行营销，每个朋友圈管理、沟通和吸引200~300个朋友群体。例如，某儿童零食电商在不同账号朋友圈中每天发送5~8条和儿童有关的消息，吸引关注。

（2）微信好友引流。可以组织业务员在不同时间、不同区域搜索"附近的人"，并根据对方不同的年龄、职业、性别来选择添加。

（3）公众号引流。利用微信的公众号功能，建立服务类型的服务号或企业官方类型的订阅号，每隔一段时间就推送相关信息给用户，从而扩大关注电商品牌的用户数量。

2. QQ引流

作为腾讯公司最早的产品，QQ无论在传统互联网还是移动互联网时代，都发展得相当成功。从互联网商业时代早期开始，国人就开始利用QQ进行引流，基于移动端的QQ电商引流，在近年内也迅速发展起来。

利用QQ引流，需要一个成熟的QQ账号。首先，需要设置QQ号的头像、昵称、签名、说说等，做到有效吸引用户，如图2.1.2-2所示。

头像应该能够明确表达产品或服务的内容，让陌生人第一眼就能有所联想。例如，经营汽车美容产品的微店，QQ头像与其设置成为帅哥美女，不如设置成最新款的轿车。

昵称应该能够告诉陌生用户具体信息，不妨直接使用"××在线客服""××产品经销"，比起其他网名会有更为明确的效果。

签名则可以利用一定长度的文字，告诉用户可以帮助他们解决哪些问题。例如，一家提供摄影服务的微商，签名为"专业提供新型生活、婚纱、写真等摄影服务"，取得不错的效果。注意，签名应该和你的QQ昵称相互配合，才能起到更好的作用。

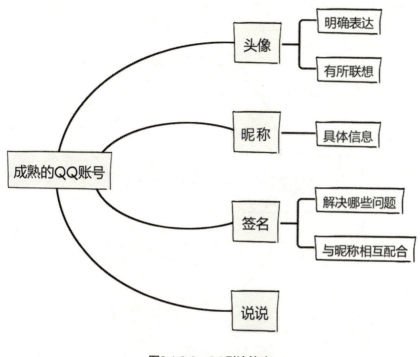

图2.1.2-2　QQ引流策略

QQ说说是QQ空间中所提供的功能，应该将其设置为与个性签名同步，只要进行了说说的更新，个性签名就会更新。尤为有效的是，在移动端，电商的QQ头像会因此而以粉色显示，当用户在翻阅手机QQ好友名单时，就能够自然地凸显出来而无需任何成本。

另外，想要提升电商QQ的排名，还可以使用下面的技巧。

（1）利用付费来获得QQ超级会员资格，这样，你就能够在对方好友列表中排名靠前。

（2）如果不想付费，可以考虑用阿、埃、爱等汉字开头的昵称，或者用A字母开头的英文单词作为昵称，也会自动被设置为普通好友中最前列显示。

使用QQ引流，离不开利用QQ空间进行实际操作。QQ空间内容丰富、工具成熟，如果能够操作得当，可以传递较多的信息，自然能起到更大的引流作用。其中主要方法如图2.1.2-3所示。

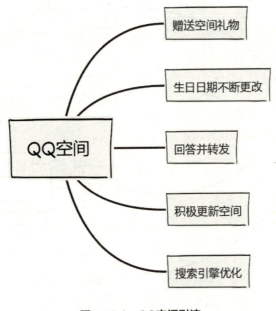

图2.1.2-3　QQ空间引流

（1）赠送空间礼物。我们可以在QQ空间中批量赠送QQ好友礼物，每次最多能同时给七个好友赠送礼物。在送礼物之后，用户登录QQ就必须对留言内容进行阅读，且只有强制点击才能让留言消失。这样，电商可以考虑在留言中加入引流内容，例如某电商将赠品链接、微信公众号名称等放在留言中，即便并非节日或者用户的生日，也同样能够进行这样的赠送操作。

（2）将QQ空间资料的生日日期不断更改，总是设置为距离当日的下一天。这样，电商引流QQ的头像和昵称，就会因为生日提醒而一直出现在用户的空间中。不过，这样的曝光只会显示出电商QQ名称的前四个字，为此，一些电商将昵称修改为比较简短的"精品销售""奶粉代购"等，更加一目了然。

（3）曾经有微商在QQ空间进行解题活动：只要用户回答出较为简单而富于趣味的数学题，并邀请其好友回答并转发，那么就能获得免费的电子书和影视资源。最终，该活动在开始后吸引了上百位好友的转发，数十位好友的评论。学习这样的成功经验，可以邀请好友对QQ空间的日志和说说转发，并辅以赠送话费或积分之类的小礼物，从而提升空间浏览量，扩大引流范围。

（4）积极更新空间。每天至少要在空间中发布五条说说、一篇日志，这样，用户就能经常看到电商的引流信息。一般而言，QQ空间的更新时间可以按照下面的规律分布：早上6-7点，发布一条说说；上午11:30和下午5:30，即下班时间段，分别发布一条说说；午饭时间段和晚饭时间段，分别发布说说；晚上9-11点，发布日志。

（5）搜索引擎优化。QQ空间在各大搜索引擎中占有较高权重，可以根据这一特点进行优化。电商可以从百度指数中选择那些排名较为靠后的关键词，组成空间名称、简介或者个人资料；也可以将QQ空间的浏览权限设置成为所有人，这样就能被搜索引擎的爬虫工具发现；或者去大型的门户网站发布QQ空间链接，引发搜索引擎工具及时获取，可以在搜狐、新浪、网易这些网站中发布外链，空间被百度等搜索引擎收录的速度会更快。

3. 微博引流

很多电商都熟知微博引流的效果，但由于微博市场已经格局明晰，普通电商较难获得有效的粉丝关注，因此总是感觉无从发力。事实上，微博有着很好的引流空间，即便没有太多粉丝，也可以利用其自带功能，吸引到新的流量。

（1）话题引流。我们可以利用微博的话题功能引流。所谓话题，就是指在发布微博信息的时候，用#话题名称#这种格式进行发表。发表之后，微博内容就会展现在对应主题的微博主页，而该主页上展现的则是所有和话题有关的微博。

一家运动服饰电商就将#运动鞋#、#奥运明星范#等作为微博话题，这些话题主页的关注者和阅读者大都是对运动产品有兴趣的人群，实际上正是该电商的引流目标。

此外，电商利用话题引流时应该进行积极的每日更新，既可以结合和自身产品有关系的话题，也可以联系热点来引发注意。

（2）关键词。在微博话题之后，会有一段关于微博内容中视频或者图片的文字介绍，重点围绕关键词的内容进行介绍。例如，操作一款和香水产品有关内容的引流微博账号，目的是为了吸引女性用户的流量，微博的关键词介绍，就应该包含：女神、度假、时尚、职场、校花、性感等关键词。

 03　行业内平台："一起微商""微信海"

由于微商已经发展成为当下零售业的未来趋势，整个行业规模日渐壮大，因此，学会利用行业内平台引流，是微商营销不可或缺的重要组成部分。目前能够加以重点应用的平台包括"一起微商""微信海"等。

1. 一起微商

"一起微商"是我国专业的微商服务领导平台，全国第一家微商免费培训平台。在该平台上有较为成熟的技术支持，便于电商对旗下团队进行培训、管理。

"一起微商"的官网地址是http://www.ucreater.com/WeiShang.html。在这个平台上，微商可以创建导师空间，将有关微商品牌的信息结合营销技术等干货进行提前录制，并上传视频，再将与产品和服务有关的关键词放在简介中，就能有效吸引到想要加入营销体系的人员。

此外，"一起微商"平台上还能够提供一对一的课程培训服务。在申请开设课程之后，你能够将相关知识分享给下属的微信团队，同样因此起到引流作用。同时，微商还可以利用该平台的"微商朋友圈"功能，学习微信朋友圈引流方式，以二维码联系方式，实现加好友或者被加好友的引流途径，通过查看用户信息、从事行业、微商等级和地理位置等信息，有目的地选择不同地区、不同行业的对象进行经验交流，实现引流。

2. 微信海

"微信海"是国内最早被认可的微信营销专业解决方案，基于微信开放平台所建立的微商平台。该平台能够针对50多个行业打造营销方案，同时还有着完善的服务支撑体系，无论是刚刚创业还是已经发展壮大的微商，都可以利用该平台进行有效引流。

利用"微信海"平台，我们可以进行下面的引流操作。

（1）社区系统。通过"微信海"自带的社区系统，采用其中的照片墙、BBS社区等功能，组织相应的活动，吸引潜在用户关注企业品牌，并确保已有的关注用户充分活跃和互动。可以采用的活动有大转盘、砸金蛋、刮刮卡、心愿卡、接金币等，由于活动形式自由灵活充满趣味，很容易吸引用户分享，形成传播链条。

（2）会员系统。"微信海"所提供的会员系统，能够汇聚已有用户，实现直接传播和分享，从而保持稳定和长期的联系。

（3）积分系统。"微信海"的积分系统，能够吸引新用户加入会员，对老用户则能起到充分的刺激作用，从而促进他们始终愿意进行消费，以便获取更多优惠。

（4）运营服务。在朋友圈中进行的引流活动，必须做到充分高效和快捷。"微信海"自带的朋友圈活动传播功能有着强大的运营服务能力，可以自动统计微商的好友关系，并对其进行专业数据分析。例如，某微商的APP通过"微信海"朋友圈传播活动，执行了2天时间，完成朋友圈自发传播高达200万人次，实现客户端下载2万次。

04 其他平台：百度、淘宝、APP

面向普通网民的平台上进行引流，是微商引流的基础，同时，教会团队成员完成这样的引流，也将会产生积极的营销效果。这些网络主流平台包括百度、淘宝和企业官方APP等。

1. 百度引流

百度是我国市场占有量最高的搜索引擎门户。利用百度的一系列功能服务进行引流，可以带来大量粉丝浏览和关注，并有助于转化成为购买量。

百度平台可以用来引流的工具有如下几种。

（1）百度知道。

百度知道作为问答平台，和众多消费者的生活、工作需求紧密关联。微商团队可以利用问答方式来进行引流。

事先需要准备账号，微商可以提前大量注册百度账号，或者直接通过网上购买获得，但最好提前一周获取账号。其次，应该下载能够自动删除网络Cookies功能的浏览器、宽带拨号或者IP更换工具，避免账号被封。

引流过程中，应该选择与营销有关的关键词。在选择时，我们应该参考百度指数、"百度一下"等平台上的主流关键词，进行细分。随后围绕这些关键词选择注册时间较早的账号进行提问，问题应详细而有重点，体现出需求的真实感。提问之后不久，应进行回答，避免同类关键词被其他微商所占用。在用来引流的答案中，最好应该事先准备好详细的图文说明，再加上网站链接。

（2）百度搜索下拉框。

不论在PC端还是在移动设备端访问百度首页，搜索某个关键词，百度都会自动推荐出和该关键词紧密相关的长尾词，这种联想功能可以避免用户打过多字，如搜索笔者名字，就会出现大量联想词并自动搜索，如图2.1.4-1所示。

再比如，搜索高尔夫球，会出现"高尔夫球俱乐部""高尔夫球爱好者""高尔夫球训练基地"等。这种下拉框联想的算法是基于百度每天的搜索量，搜索量越大的词语，在下拉框中排名越靠前。

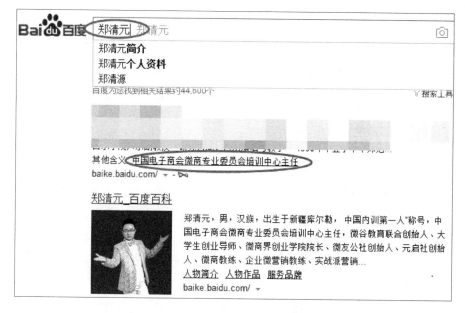

图2.1.4-1　百度搜索下拉框

我们可以使用下面的人工方法引流：组织员工或者邀请他们的朋友，在某段时间内每天集中对某个长尾关键词进行搜索和点击；如果微商拥有官方网站，可以在网站页面上添加弹窗，并将关键词的百度搜索链接放置在弹窗内。访问者点击弹窗，就相当于自动搜索该词。如果没有网站，可以直接找一些访问量较高的站长合作，花费不多的成本，也能产生这种效果。

（3）百度直达号。

百度利用本地直通车这一功能，帮助本地的微商实现高效引流。微商能够先在百度移动开放平台上建立账号，并通过不同方式获得客流。例如，海底捞火锅虽然是著名品牌，但线上的电商领域并未做大。而在百度直达号功能作用下，客人能够在百度平台上直接@海底捞，实现线上引流。

（4）百度文库。

百度文库是在线互动式的文档储存和分享平台，微商可以利用这一平台对长尾关键词进行优化，实现引流。

首先可以设置文章标题，例如"抗霾食品挑选的方法""如何挑选单反机"等标题，都可以作为百度文库标题。其中最好应该包含微商产品或服务的长尾关键词，此外还应该注意，标题不要含有直接的广告意味，而是以"技巧""事项""建议""说明"等来表达。另外，标题也不要和文库中已有的文档重复，否则容易导致难以被搜索到。

其次，百度文库中的文章应该以职场或生活内容为主题，在文章中发布一些外链接，可以更加直接地引导用户。

利用类似上述步骤的操作方法，我们还可以在百度云盘、百度百科、百度地图上进行引流操作。

2. 淘宝引流

淘宝是我国最大的在线零售平台，在这里做好客户引流工作，销售业绩会大幅度增加。图2.1.4-2所示，为淘宝引流的几大方法。

（1）论坛引流。

将微商的产品或服务功能特点，编辑成软文，并在淘宝论坛上发布。无论是买家的使用经验，还是卖家的价值分享，都能够带来精准流量。

（2）橱窗引流。

对淘宝店铺中店铺橱窗的内容进行控制，可以将店内性价比最高的产品放在橱窗中，这样的产品能够比其他产品更快、更直接地被买家搜索到，从而为整个店铺带来充分的流量。

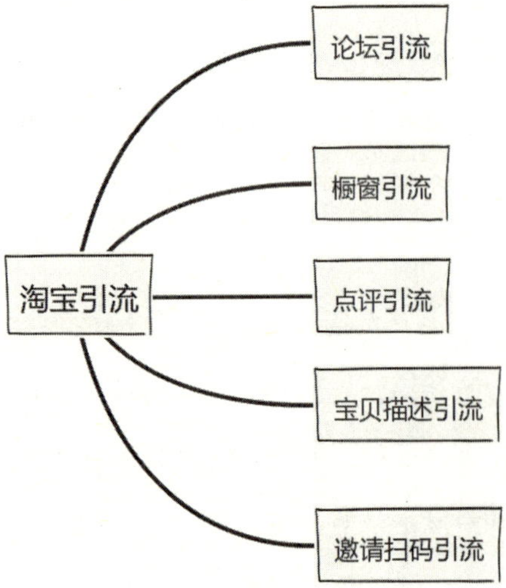

（3）点评引流。

图2.1.4-2　淘宝引流

采取好评送红包、上传买家图片送积分等形式，能够促使买家留下形式多样、内容详尽的好评。然后将这些好评截图，放到淘宝店铺中，这样就能带来新的客户流量。

（4）宝贝描述引流。

在淘宝上新品时，卖家需要填写对宝贝的描述。描述不但能凸显产品的价值，还能够为整个店铺带来流量。如某手机电商在对新品手机进行宝贝描述时，还在其模板周围放进了另一款手机蓝牙耳机的图片、文字和链接内容，这样就将同一批客户引导向各自不同需求的产品。

（5）邀请扫码引流。

在淘宝店铺显眼位置留下二维码，访客只需扫码就能加入电商的微信群，并自动成为会员。即使这样的用户暂时没有购买产品，也能够通过微信来形成较为紧密的联系。

3. APP引流

不少企业紧跟移动互联网潮流，开发并利用了APP的强大引流功能。利用APP推送软件很方便快捷，但却缺乏精准力度。其实，APP应该如下所述这样有效引流。

（1）特色内容。

微商APP要有具体的产品或服务特性，不要追求面面俱到。推送的信息应该集中在某个热点上。例如，某餐饮微商APP推送的消息或者是新菜品试尝的活动，或者是节日打折促销等。

（2）时间定位场景。

APP引流要结合具体的时间场景。例如，某微商销售的是中小企业管理系统软件，通常是在用户下班前后直接推送第二天的管理工作日程提醒。另外，APP和社交软件工具不同，不需要每天推送，每月推送一两条即可。

（3）结合用户消费记录。

在后台查看用户曾经购买过的产品或者分析其浏览历史，推送其可能感兴趣的产品。例如，一般曾经购买过电脑产品的用户，很可能会有购买鼠标、键盘、显卡的需求，APP可以有针对性地加入这些产品的信息，刺激相关用户购买。

（4）结合地域位置。

向不同区域分享不同信息、发放不同优惠券等，吸引特定的用户群体。例如，一家婚庆产品微店，在其APP中结合不同地区的婚礼习俗、文化特色，所分享的信息也不同。

（5）融入社交元素。

如果微商的APP缺乏社交元素，引流的效果就很难实现。可以在某个区域内，让新老用户基于地理位置，在APP上进行多元化的留言或者互动，或者搭建用户社区等。这样，APP就会被更多地打开，引流的业绩也将不同以往。

（6）活动引流。

某款微商APP在奥运会期间，举行插屏活动，引导用户对金牌榜进行竞猜，并利用竞猜所获得的积分来发放购物券。这样的活动很好地引入了新流量。微商可以利用类似的APP活动如竞猜产品价格、分享产品信息等内容，引发用户对品牌的兴趣。此外，APP还可以直接获得对用户电话簿、QQ等好友的访问权利，并将产品评价、折扣获取等分享给好友，如果能正确使用好友链接，就能迅速带来客户数量提升。

05　社群引流：QQ群、微信群、线下社群

有人说，社群是未来最好的商业模式。实际上，微商在网络社交群体中进行引流早已并非秘密，值得微商重点关注的社群包括QQ群、微信群和线下社群。

1. QQ群

微商可以选择先进入和产品有关的精准QQ群，并添加有需求的用户为好友，再从QQ上将好友导入微信。另外，利用专业论坛、微信群或者QQ邮箱群组也能

做到这一点。例如，某图书电商利用考试QQ群来向微信好友引流，取得了很好的效果。

此外，在QQ群中还有下面的几种引流方法。

（1）群文件。

写一篇和产品、服务有关的软文，并在文章结尾处留下联系方式，随后上传到群文件。需要注意的是，很多QQ群主并不接受意图明显的软文广告，但如果你上传的是有帮助意义的经验文章，群主甚至还会鼓励你上传。

（2）获得群主认可。

很多QQ群主之所以建群，并非商业意图。因此，微商完全可以先获得他们的认可，例如送他们一套自己的产品，或者为他们提供VIP服务资格等，等感情拉近之后，就能够进行适度的引流。

（3）自建QQ群。

微商完全可以创建自己的QQ群。在设置群名称的时候，一定要布置好你的关键词，方便用户查找。例如，将名字设置为“新房装修业主群”，这个时候，无论用户搜索新房、装修、业主等词语，都能够搜出你的QQ群。

一个新的QQ群刚建立时，通常都只有很少的会员。在缺乏成员的情况下，可以通过邀请朋友加入的形式来进行填充数量，在通过一定时间的积淀之后，QQ群的排名会上升，并会不断有真实用户加入。除此之外，你还可以将自己的QQ群二维码保存下来，然后到其他相关QQ群中和用户熟悉，随后将特定的成员创建成为讨论组，并将二维码分享进去。

2. 微信群

微信群的引流工作，需要花费较多的时间和精力成本，其中最关键的是：如果不能获得微信群精准用户的信任，就很难将他们从群友转化成为用户。

（1）大量加群。

微信群相比QQ群是封闭的，我们很难主动搜索到。因此，我们必须广泛加入微信群。例如，可以通过购买群二维码的方式加入，也可以相互推荐，进入当地的微商QQ群或者论坛，从而共享彼此的用户，还可以利用团队成员的力量，同时加入不同微信群，并进行汇总。

（2）群发软文。

利用在微信群中发放软文的方式，微商可以将原先准备好的软文文字或图片，在不同的微信群中发布，这样可以让软文在短时间中产生十几倍的引流效果。

（3）提炼话术。

迎合不同的微信群内用户需求，站在用户的角度，或者提出相应的问题，或者对事实加以表述，营造出不同的价值来吸引不同用户。例如，一家经营酒类的微商，在女性为主的群中，使用的话术是"要过年了，给父母送什么酒营养保健价值最高"，而在男性为主的群中，使用的话术则是"朋友年底聚会，大家推荐一款酒吧"。由于其结合了群本身成员的特点，发挥的引流效果都相当不错。

3. 线下社群

线下社群的来源包括两种：当地已经存在的社群和微商自行建立的社群。对于前者，微商应该留意当地同城QQ、同城活动中较为活跃的社群，或者关注当地和产品联系紧密的职业群体，同这些社群建立一定的合作关系，并适当支持、赞助其中的重要活动。对于后者，可以适度将会员群、官方QQ群或微信群的成员组织起来，举行线下活动，通过这样的方法促成成员之间、成员和企业之间的感情，保持应有的品牌忠诚度。

06 线下引流平台：招商会、培训会

在积极使用线上平台为微商引流时，也不要忽视了看似传统的线下引流平台，其中如招商会、培训会等方式，因为时间短、人数多、效果集中而且有直接的情绪

感染力，它们可能在短时间内让客户流量暴涨。

1. 培训会

以微商免费培训的名义，通过线上渠道发布消息，吸引对微商事业感兴趣的人前来学习，并顺势将他们发展成为你的粉丝。某个做烘焙甜点食品的微商企业，在节日期间宣布提供免费微商培训，并赠送零食和饮料，现场气氛热烈时，培训师提出让大家加他的微信号，随后鼓动大家在朋友圈发布一条现场食物的照片，并留下他的联系方式。这样一次培训，为这家微商带来五百多个粉丝。

2. 招商会

招商会是微商企业最应关注的线下引流方式之一，尤其当微商进入迅速成长期时，更应该在全年的发展规划中加入类似活动。类似年终答谢、节日感恩、周末沙龙会议、周年庆典或者新项目上市发布等时间点，都可以形成招商会的载体和理由。

想要举办成功引流的招商会，应该注意以下几点。

（1）提前做好规划。

要做好每年、每季度、每个月的招商会日程表，提前确定好时间、地点和邀请者，设计好相应的流程，并积极准备招商资料。只有事先整体规划好，才能成功举办招商会。

（2）明确招商会目的。

所有的招商会都是为了增加客户签单，但这是最终目的。从短期目标来看，招商会可以分为很多种，应该提前进行划分，如究竟是增加哪个地域的代理商，或者是增加何种产品品类的代理商等。

（3）打造亮点。

各行业的招商会议层出不穷，许多代理商对相关会议产生了疲乏感。因此，招商会必须要有一定的亮点，才能邀约到真正具有实力的代理商。例如，产品的种类、会议的地点、招商会议的形式、主办方的实力展示、拿货优惠政策等，都十分具有吸引力。

（4）会议环节。

招商会的会场布置要营造出浓厚的氛围，要能够彰显和产品文化相互吻合的细节。例如，在人员接待上，要将已经代理了产品的老客户和有意向的新客户区分开，这样便于工作人员去进行不同内容的谈话。

Part 2
找对工具：粉丝引流，实用工具少不了

- 让人欲罢不能的引流推广软件
- 网络硬盘搜索神器
- 二维码制作神器
- 美图软件与对话生成器
- 互动吧如何用
- 做个会直播的微商

01　让人欲罢不能的引流推广软件

线上引流，离不开相关的实用工具。这些工具或者在数量上，或者在效率上能够提高推广效果，让微商看到粉丝快速增长带来的消费力量。

1. 淘宝平台工具

淘宝店铺上可以使用免费的"生意参谋"来进行引流优化。其具体操作步骤如下。

（1）进入"生意参谋"首页，并点击页面右上方的"排行榜"。

（2）寻找微商自身产品所在的类目，发现其中的相关关键词，并了解最近这些关键词的搜索趋势。

（3）将这些关键词进行组合，并和时间、用户特点等词语进行关联，例如2017旅游必备用品、2017流行韩式女装等。

（4）将这些不同的长尾关键词在"生意参谋"首页中进行搜索，找到其中性价比最高的关键词，并设定为店铺中描述产品的关键词。需要注意的是，判断性价比高低的标准，不是单纯看搜索次数的多少，而是看同一组关键词中，商品数量和商品搜索指数的比例。

2. 百度平台工具

目前，市场上有互点宝、推百拉等软件，能够积极作用于百度引流。

（1）在上述软件平台注册，从而和这些软件的用户形成点击团队关系。

（2）在自身的软件客户端上设定与产品有关的长尾关键词。

（3）软件工具会自动调用其他所有用户的电脑资源，对该长尾关键词进行搜索。

（4）当搜索达到一定程度之后，百度下拉框就能出现该长尾关键词。

3. 微博平台工具

在做微博引流时，要学会利用目前微博开放平台中的诸多工具进行引流，如：微活动、微话题、微博附近、长微博、微博抽奖系统、微博上墙、微群等。

其中，微活动是指微博博主可以开展自己的活动，先在线上发起活动，随后将活动转移到线下。这样，微商就能够组织一些和用户有关的娱乐活动，既可以增强用户的黏性，也能够充分推销自己的产品。

"微博附近"也是新浪微博提供的很好引流工具，可以保证企业将产品或服务推向具体某个地区。通过这一过程，我们可以顺利实现线上和线下互动的引流过程。

02　网络硬盘搜索神器

众所周知，网盘分享资源因为其私密性、精准性特征，成为很好的微商引流方法。例如，一家刚刚起步的微商，创始人获得了大家比较关注的合法影视资源，并将之分享在网盘上，附录了微店的二维码，在大量的转载和分享之后，用户们得到了良好体验，而微店的关注量也大量上升。

不过，想要运用好网络硬盘引流，离不开对网络硬盘搜索神器的了解和熟悉。什么是网络硬盘搜索呢？以百度云盘为例，该云盘应用为每个客户提供至少2T的存储空间，但却并没有提供搜索功能，如果想要发现其中一些优秀资源，就必须要借助第三方工具。

目前，网盘搜索引擎很多，而其中一些搜索引擎已经不再局限于对网盘的搜索，还包括一些可以直接下载的资源。

以http://www.pansou.com/这个搜索神器为例，来看究竟如何运用好网盘搜索功能。

（1）打开上述网址，出现搜索输入框。

（2）输入想要搜索的关键词。例如"微商教程"，之后就能够搜索到百度云盘中很多盘友共享的相关免费资料。

（3）点击搜索链接之后，能够发现网盘内容相关的更多信息，其中包括分享的用户、下载量、浏览量和保存量等。分析和比对这些数据，就能够了解哪些信息对用户而言是最具有吸引力的。另外，为了方便用户下载，该搜索引擎还提供了手机二维码，可以直接在手机端进行扫描下载。

为了方便用户寻找资料、进行共享，微商营销团队还可以在网络上寻找更多的网络硬盘搜索神器。需要注意的是，一些搜索工具并不稳定，因此要多加利用，随时补充新选择。

03 二维码制作神器

无论线上还是线下，微商引流都需要用二维码作为手机扫描工具，吸引用户对品牌加以了解和关注。为此，我们需要学会如何综合利用多种工具，制作二维码。

想要制作二维码，先要弄清楚二维码的制作原理。二维码实际上是由大量0和1组成的数字矩阵，并以这样的平面分布黑白图形来记录数据符号信息。利用这一技术，人们将二维码和手机、电脑、互联网进行多种多样的配合，同样也运用在微商事业中。早在2012年，国内就有企业开发了二维码抽奖、会员积分、优惠券下载、签到等功能，从而大大拓展了二维码的应用范围。

虽然微信系统能够方便快捷地生成二维码，但微商在线上线下的推销活动中，还有更多需使用二维码的场合。因此，他们需要使用第三方工具来生成二维码，而

"草料二维码"生成器是不二之选，如图2.2.3-1所示。

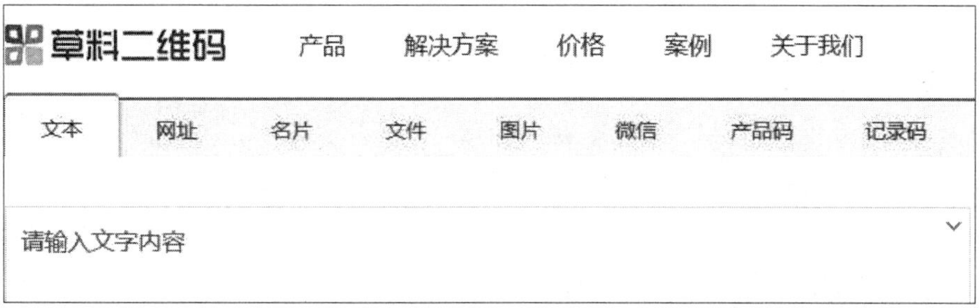

图2.2.3-1　草料二维码

这种工具能够生成所谓的活码，即通过短网址指向保存在网络云端的信息。这种二维码图案和普通二维码相比更为简单而便于扫描，也能够随时对其内容进行更改，做到同样的图案对应不同的内容，从而方便微商先印刷图案，再在网络上编辑内容。

"草料二维码"生成器的主要编辑界面分为三个区域：类型区、编辑区和预览区。

在类型区部分，显示了活码的所有种类，其中灰色样式代表当前编辑的活码类型，能够直接点击活码的类型，进而切换编辑界面。

在编辑区部分，可以编辑二维码活码对应的内容，包括图文、文本、网页、页面跳转等。此外，我们还可以设置二维码的头部标题、底部链接、底部菜单和状态等信息。

当完成编辑之后，我们可以在页面右侧看到输入的文字、图片、网址等，并可以将之同步显示在模拟的手机框中，从而完成二维码制作。

在使用"草料二维码"生成器时，我们还需要了解不同的二维码类型及生成规则。

1. 图文二维码

这种二维码包括图片和文字，是目前微商使用量最大的二维码种类，目前支持一张不大于2M的图片上传，且不限制字数的文本内容。

2. 文本二维码

这种二维码只有文字，目前支持各种文本格式输入，同时也不限制字数。

3. 文件二维码

它支持上传小于2 M的文件，提供给微商消费者下载，其中支持的文件包括视频、Office文件和图片等。

4. 网页导航二维码

通过扫码，用户能够根据显示出的文字，选择自己想要访问的链接，进入不同网站和页面。

5. 页面跳转二维码

它不仅能够直接让页面跳转到指定网址，还能够根据用户扫描并跳转的行为，统计其访问指定内容的次数。

04 美图软件与对话生成器

即便并非微商营销者，在生活中运用软件进行"修图"的普通人也越来越多。虽然有所争议，但通过美图软件修饰之后所形成的产品图片，能够更为合理地凸显产品优势所在。事实说明，利用美图软件来进行图片加工，只要使用恰当、合法、合理，也可以积极地运用在引流过程中，为产品和服务带来更多关注。

微商常用的美图软件有如下几种。

1. 美图秀秀

该软件最大特点在于简单易用。美图秀秀拥有众多的基础美化功能和滤镜功能，并能兼容所有的主流手机机型。其滤镜包括四大种类，分别为：LOMO、美颜、格调和艺术，其中还有各种不同的细分种类，方便对滤镜效能的强度进行细微调整。

2. 玩图

该软件拥有画中画、拼立得等功能，有上百款的拼图风格可以选择，还包括杂志、贴纸、街拍、清新等多达上百种的模板。它适合微商将多种产品系列集中在一张图片上显示时采用。

该软件拥有海量的在线素材，用户能够随时下载到手机中进行使用。另一方面，该软件还能将拍摄完成的照片一键分享到新浪微博、微信上，对于微商而言，可以将这些照片上传到微博中，并拓展宣传渠道。

3. 黄油相机

和那些带有略显夸张滤镜的美图软件相比，黄油相机显得要自然不少。这款APP可以根据个人喜好来对图片边框进行定义，包括选择不同的宽度、照片不同的位置，以及进行虚化、锐化等简单处理。此外，黄油相机本身还融入了社交功能，微商完全可以将粉丝引入该软件平台，将自己处理过的图片分享给他们欣赏，同时也能借鉴他们的拍照角度和水平。这样，微商等于多了一个展示自我的平台。

4. IN

该软件具有独特的"大头"功能，可以随时随地将人像照片打扮得"萌"和"逗"。此外，该软件还提供了多种专用于美食、美肌的滤镜。正因如此，该软件尤其适合以年轻客户为主要目标群的微商，也适合喜欢走幽默搞笑风格来展示自我的商家使用。

5. 小Q画笔

微商经常有在图片上进行处理的必要，尤其是和用户对话的截图，有时内容会涉及个人信息，需要打马赛克。与此同时，另外一些重点的营销内容则需要作出标志和注释等。为了解决这些问题，微商可以考虑选择小Q画笔。

小Q画笔可以从手机的截图和相册中自动提取最新图片，这样就能省去打开相册的步骤，从而做到迅速完成标注。在小Q画笔中，我们可以专注对图片进行箭头标记、文字说明、打马赛克。图片编辑完毕，直接点击分享按钮，就可以一键发到朋友圈、QQ、微博等社交分享平台。小Q画笔的主要功能是对截图做标注，没有美化、特效等功能。

05 互动吧如何用

"互动吧"是目前国内最大的互动信息和传播平台。这一工具能够帮助微商在微信、QQ、微博等社交平台一键发布多种互动信息，其中包括投票、活动、文章、招募、招聘等，并能够让用户以最醒目的方式在好友圈进行展示和传播。

使用"互动吧"，可以通过电脑和手机端两大途径。

1.电脑端

使用电脑能够方便地对活动内容进行编辑和排版，具体分为下面几个步骤。

（1）进入"互动吧"官网，在右上角进行注册、登录操作。

（2）成功登录之后可以看到在网页的右上角有发活动、个人管理等选项，可以发布商家想要发布的内容，并对个人信息进行有效管理。

（3）点击发活动之后，进入九宫格菜单，在这里可以选择商家想要发布的活动类型，如图2.2.5-1所示。如果没有想要的类型，可以选择第一个自定义活动类型。

（4）填写内容活动，填写完之后点击发布即可。还可以对已经发布的活动加以管理，其中

图2.2.5-1 互动吧的活动十分丰富

包括我发布的、我参与的和我的账户三种。

2. 手机端发起投票

手机端的互动吧APP，使用步骤和电脑端基本相同。利用APP，我们还可以顺利地结合微信、QQ来发起投票活动。

（1）安装互动吧APP，点击图标，打开软件。

（2）在软件的首页上，我们可以看到界面下端有发布的选项，点击进入，随后选择发布投票的界面。首先应该填写投票活动的标题，其后的投票详情虽然可以不填写，但为了显得内容丰富，最好也加以完善。最后应该填写好投票对象或项目，如果条数不够可以点击"+"增加。

（3）另外，使用"互动吧"进行投票，还应该填写投票截止时间，即对多久之内完成投票结果进行设定。所有内容完成之后，需要登录"互动吧"再进行发布。如果想要微信好友参与投票，可以点击个人微信账号进行授权登录"互动吧"即可。如果是在QQ或新浪微博上投票，也可以选择"互动吧"中的"其他账号登录"。

"互动吧"手机端APP除了提供投票功能之外，还能够直接发链接、二维码等。例如，想要将投票内容发送到QQ群，可以直接利用"发送到QQ"功能，选择自己所在的某个QQ群，点击发送。

06　做个会直播的微商

各大视频直播平台从2015年开始成为网络焦点，并因为直播节目的受众量不断增长，成为目前的新兴引流渠道。

想要成为会直播的微商，应该注意学习下面两种方法。

1. 利用直播房间

打开想要直播的网站或APP，选择其中人气较高的直播间进入。注意，那些人气比较旺盛的直播间，通常不会允许营销行为，而是要先向主播发红包、送礼物，争取顺利成为房间的管理员，这样才有可能被允许引流。

另外，在娱乐直播中，除了少数专业性较强的房间，很多都是针对中青年群体所设计的。因此，在这里引流的产品内容，最好符合他们的需求。

当微商在进入直播平台注册账号时，可以直接将产品名称作为昵称。相比论坛而言，直播平台目前在这方面的限制还不算太多。

2. 自开直播房间

如果微商能够打造自己的直播房间，效果很容易超过"借用"其他大流量的直播房间。不仅如此，一旦形成连锁传播效应，会不断带动新的用户进入直播间，其引流效果将不亚于任何平台。

自开直播房间，首先需要找到主播。可以选择到学校招人，如播音艺术系的美女，有一定才艺、懂产品、擅长沟通的更好，每天只需要工作两三个小时即可。另外，营销团队还可以事先和主播约定分成，一旦形成购买力，就能给主播带来直接的提成。

其次，要根据不同直播平台的特点进行选择，例如映客偏生活类、全民K歌偏音乐类、章鱼偏体育类、熊猫偏游戏类等，选择不同的平台，就是选择了不同的人群和需求。此外，直播话题应该有一定创意，不能总是在强调产品，而是应结合主播的特长来设置话题，抑或结合产品使用情境来进行设置，甚至可以是直播健身、唱歌、工作、化妆、睡觉、吃饭、育儿等，只要能够让用户很好地联系到产品，就是成功的直播。

在自开直播房间之后，微商应该将直播和社交结合起来进行引流。具体做法是：将直播间的链接发到社交群或者朋友圈中，吸引和产品联系最紧密的用户观看。当他们认可其中价值之后，我们再通过一定奖励来激励其转发行为。这样，就能够带动用户之间的主动引流，产生可观的后期价值。

Part 3
粉丝引流"爆粉"的四个怪招

01　兴趣同好引流法：找到志同道合者

想要让引流在短期内产生爆炸式的数量增长，重点在于选择那些和产品联系紧密的粉丝。通过兴趣同好引流方法，我们就能找到类似好友的忠诚用户。

兴趣同好引流法，线上在互联网论坛上重点进行，线下则在共同爱好的群体（如俱乐部、聚会）中进行。

1. 选择论坛

论坛的主题必须是具有代表性的，能够为某一个人群的兴趣爱好代言，此外还要和产品紧密相关。例如，智能手机的微商，应该选择的是数码产品论坛中的手机版块，而如果选择时尚用品论坛，即使其中也有手机讨论内容，但引流内容并不明显。

其次，论坛中话题的参与者，最好还能因为其关注兴趣而形成一定的社群集合。例如，一家运动产品在X城的微商营销团队，选择了当地线下活动最多的运动爱好者论坛进行引流，而不是选择看似最大的年轻人论坛。这是因为前者组织的活动频率多，而且大多数基于"运动"这样的共同兴趣爱好，而后者的活动频率较少，同时也并非基于相同爱好。

2. 观察兴趣群体

在初步选择了兴趣群体之后，不要急于进行引流和互动，而是先进行充分观察，以期融入群体，如图2.3.1-1所示。

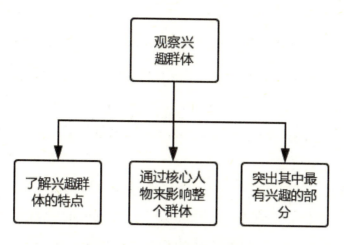

图2.3.1-1　要善于观察兴趣群体

（1）要了解兴趣群体的特点。包括该群体习惯使用什么样的社交工具进行内部互动（有时候并非表面上看起来那样）、群体内分为哪些年龄段、哪些职业倾向、哪些追求层次等。

（2）要通过论坛、微信群或QQ群等，接触兴趣群体中的意见领袖。可以翻看他们之前在论坛上留下的帖子，或者在线下和他们展开互动如赠送产品、提供服务等。这样，就能通过对他们的观察和了解，通过核心人物来影响整个群体。

（3）阅读兴趣群体内相互交流的历史，包括论坛或者社群内的聊天记录、论坛文章、分享文章等。有选择地阅读那些引起争议多、点击率高、回复率高的帖子，寻找整个兴趣群体所能接受的营销尺度，突出其中最有兴趣的部分。例如，某个城市论坛对微商软文一律屏蔽，但其中活跃着一个 "吃货同盟"，其中成员经常在论坛上分享美食文章。一家提供外卖服务的餐饮微商团队，阅读了这些文章之后发现，可以将 "吃货同盟" 群体组织起来，进行线下活动，随后果然取得了很好的效果。

3. 融入兴趣群体

想要融入兴趣群体，就不能以微商的身份进入，而是要以同样爱好者的身份获

103

得大家的认可。这需要注意下面几点：

（1）为自己在兴趣群体的交流平台中注册昵称。昵称不仅代表着称谓，更会成为营销团队在兴趣群体中的形象。应该尽量使用中文来作为昵称活跃在论坛或QQ群、微信群中，例如对代购母婴用品的微商而言，"米粉宝"就比"Lucy"的效果更好。注意要使用形象化的中文名称，否则就会因为内容上缺乏逻辑性而导致吸引力下降。

（2）当初步观察和了解之后，要积极在社群、论坛中发言，多进行回帖和正常发帖。应该重点挑选兴趣团队中资深成员的帖子、发言进行恢复，让自己从新人迅速变成大家熟悉的成员。在专业性较强的兴趣爱好者群体中，微商营销团队还应该发挥特长优势，提供比普通成员认识更为深刻、更有实用意义的"干货"，不仅得到大家的认同，而且获得佩服、崇拜，就距离引流成功不远了。

（3）要通过线下的小范围私密活动，和兴趣爱好社群的创始人、老成员拉近情感关系，形成良好的互动基础。这样，无论是电商进行线上交流互动，还是举行线下聚会活动，都会得到来自朋友的"友情流量"。

02　圈子引流法：有圈就有大量粉丝

刚刚开始引流的微商，或许起初并没有足够成熟的消费者圈子。为此，微商首先要注重充分积累微信、微博、QQ的好友数量，当整体数量达到500～1000人之后，商家就可以开始主动发展到线下，尝试加入有更加具体特征、更加紧密联系的圈子，例如创业、旅游、电影、艺术、商业等圈子，寻找那些有特定资源的人，借以整合人际关系，拥有大量的客户数据。

下面是一些能够帮助微商进入和建立新圈子的引流方法。

1. 会员卡相互捆绑

针对圈子的形成特点，微商可以通过相互捆绑会员卡的方式，促进圈子在线上线下的互通。例如，某甜品微商通过营销工具，开发出能与其微信公众号捆绑的微信会员卡，并达到了数百人的会员数字。为了进一步扩大圈子，他们主动和周边区域的KTV、书店等进行合作，将其会员优惠共享，一旦有消费者到这些实体店消费，只需要出示会员卡，即能获得共享的优惠。

通过类似方式，微商可以将自己的粉丝圈子和非竞争性行业商家的粉丝圈子进行深度整合，确保用户可以一次性加入更多的圈子。这样，微商无异于大范围扩展了自己的消费者圈子。当然，为了成功打造这样的模式，商家在刚开始时需要进行一定的营销投入，但相比较圈子扩大所带来的收获，这样的投入是值得的。

2. 以体验作为引流核心

获得单个消费客户不难，但想要让所有客户能够顺利地打破原有隔阂，成为消费者群体，就需要用产品体验来作为引流核心。诚然，不能要求大多数微商马上提供出让人尖叫的好产品，但这并非意味着没有好的体验。

首先，微商可以向用户提供深入了解产品的体验。例如，定时邀请不同年龄、不同职业、不同消费数量的关注者，让他们从线上走到线下，进入产品的设计和制造过程中，去了解产品是怎样生产出来的。在这个过程中，微商可以主动询问他们的建议和意见，并组织他们进行聚会活动。这样，用户相互之间、用户和商家之间，将不知不觉因为产品体验，而结成一个新圈子，如图2.3.2-1所示。

其次，可以为忠实用户设置荣誉阶梯。有些微商根据用户的消费数量、介绍数量，或者其他方面做出的贡献，分别发放不同的荣誉头衔，引发他们的自豪感、比较感。通过荣誉所带来的体验，用户潜意识中会将自己放进集体，并由此形成圈子的整体氛围。

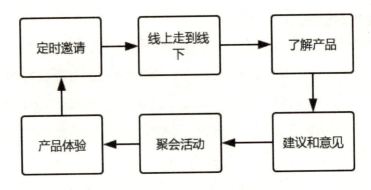

图2.3.2-1　以体验引导圈子建立

3. 借用现有圈子

如果微商能够借用现有圈子，那么引流的速度会随之加快，而关注量转化成为消费量的效率也将提升。这是因为一个成熟的圈子本身就是充满互动活力的，当其中某个成员表现出对产品认可态度之后，这种表态会迅速传递给整个圈子。

微商可以进入和产品有直接关系的圈子。例如，某美容产品微商就选择进入当地美容行业协会，利用协会成员的门店店长进行引流和营销。诸如此类的还有企业协会、行业协会、商业论坛、商业联盟等。

微商也可以进入已经在线下成熟了的消费圈子。如某市几家大企业的员工自发成立了棋牌协会，并经常举行线下活动，借助这一圈子，某红酒微商多次赞助协会活动，并在活动中获得了粉丝数量的迅速增长。

 03　推荐引流法（1）：朋友推荐

先来看一个实际引流案例的情境。

　　某个周末的下午，章女士在手机微信朋友圈中看某品牌服饰微商的会员推广页面，通过扫描页面的二维码，关注了该企业的微信，并自动成为该微商的会员，随之获得了一张价值50元的现金抵用券。作为会员，章女士又得到一组八位数字的邀请码，她只需要将推广页面和邀请码分享给其他朋友，一旦有人注册会员成功，章女士就能获得积分。这些积分可以参加该企业的营销活动，并赢取对应的优惠和奖励。

在日常接收该企业微信消息时，章女士也发现，他们的官方微信号和一般的商业微信公众号不同，他们会定期发布和产品并没有关系的消息给会员，其中有关于时尚健康，有的是生活小提示，还有一些则是令人捧腹的幽默故事。对于其中一些文章，章女士很是欣赏，经常会将之转发到朋友圈和微信群。这样，该企业的产品品牌通过这种形式得到了充分传播，获得了章女士及其朋友的推荐。

如果上述引流的过程，能够作用于微商的每个会员身上，那么显而易见会带来巨大成功。因此，重视用户之间以朋友身份的推荐，就等于抓住了引流的重要源头。

朋友形式的推荐，包括下面几种，如图2.3.3-1所示。

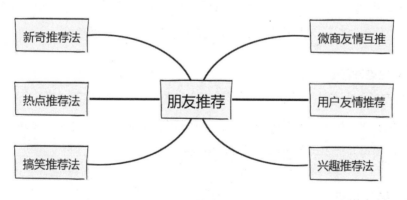

图2.3.3-1　朋友推荐的形式

1. 微商友情互推

当微商在社交软件中的朋友圈或好友人数达到一定级别，可以找到同样级别的微商进行互推，进行粉丝交换，从而实现精准用户的倍增。

2. 用户友情推荐

给予用户一定的物质奖励、积分奖励，从而引发用户之间的不断递推效应。值得注意的是，单纯的物质奖励会导致引流成本迅速增加，而如果只有积分等荣誉的奖励，又会显得诚意不足，把握好两者之间的平衡，才能让用户有推荐的动力。

3. 兴趣推荐法

抓住某个群体都会感兴趣的内容，加以炒作、延伸，并同产品进行关联。这样，群体中某个人阅读完内容之后，就会作为共同关心的话题，和其他人进行分享，实现推荐引流。

4. 新奇推荐法

将产品最吸引眼球、最容易激发好奇心的特点，形成文字和图片，并传播给重要客户，鼓励他们进行新的转发。这种推荐方法能够利用用户之间的强联系，保证推荐过程中的信任感不会下降。如某微商用免费活动作为内容主题，以"免费拿产品，还有积分送？"作为标题，带来了数百次转发、上千名新粉丝。

5. 热点推荐法

将产品和热点进行联系，同样形成文字和图片，并促进推荐传播链条的产生。可以抓住时政、娱乐、体育等新闻，第一时间将新闻和产品在内容上联系起来，让有兴趣的用户阅读之后为之赞叹，并产生推荐冲动。

6. 搞笑推荐法

可以单纯地向用户分享搞笑文章，例如小段子、名人轶事、生活趣闻等，也可以是用户在体验产品的情境中所遇到的幽默搞笑体验等。通过适当的改编创作，突出其中的笑料部分，用户将会因此选择转发给朋友。

04 推荐引流法（2）：付费推荐

除了积极引导用户之间的自发推荐转发之外，微商还可以使用一定的成本，通过付费方式来获得流量。

1. 淘宝平台付费引流

淘宝直通车伴随淘宝发展过程，成为了众多微商喜欢使用的付费引流工具。"开好车"的前提是你首先能够确定用户人群特征，对用户精准画像，例如用户的年龄、地区、爱好、收入、职业、家庭等。根据这些因素，对直通车账户基本信息加以设置。其次，还要选择好关键词，从而确保付费搜索能够实现最高的性价比。

（1）钻石展位。这一付费功能通过占据天猫、淘宝大量的优质广告位，为微商带来巨大流量。相比直通车的精准特点而言，钻石展位并不精准，一般而言，如果产品性价比特别高，有可能成为"爆款"，才适合运用该方式进行付费引流。

（2）淘宝客。这种付费引流方式是按照用户成交数量来计算的，所以性价比很高。在运用这一工具时，微商营销团队要懂得将淘宝客作为合作伙伴，设置好稳定合理的佣金比例，不要因为销量变化而降低佣金比例。

2. 百度平台付费引流

百度平台付费引流方式主要使用百度推广。2009年12月1日，百度原有的竞价排名系统停止运营，采用百度凤巢系统打造付费流量。这一系统主要根据用户点击数量付费。对于商家而言业能够获得精准的潜在客户，只要在百度注册和产品相关的关键词，就能被主动查找产品的这些客户发现。但其劣势也很明显：百度平台上的商家太多，竞争太大，那些真正有效的关键词经常会被"抢购"而导致价格飙升。

想要做好百度付费推广，微商需要懂得如何挑选关键词。

（1）关键词数量和引流效果并非成正比。不同的产品，功能不同，面对的客户需求也不同，因此关键词数量也不一样。例如，某奶粉电商在运用百度付费推广时，主打有机、绿色两个关键词，引流性价比和实际效果超过了许多商家。

（2）关键词并非排名越多越好。通常情况下，如果微商想要打造品牌，需要着重选择排名最高的关键词，但如果微商需要的是马上提高流量，就要根据已有的用户消费行为数据分析，制定关键词的出价和排名策略。值得注意的是，一段时间内，用户关注的关键词很有可能并非排名最前的，这就需要微商时刻注意用户在关心什么，而不是只关注排名。

3. 微博、微信付费引流

相比百度、淘宝等平台，微博和微信上的付费引流手法要更加细化。在微信上，商家可以找到对于产品有充分发言权和影响力的自媒体（最好是比较有影响力的大号），观察其微信公众号或微博的真实流量，付给其一笔广告费，在其公众号中发布软文，并由此带来直接的粉丝流量。在微博上，我们也同样可以采用付费广告方式，获得大V们的支持，将其粉丝流量变成产品的用户流量。

另外，在微信平台上，我们也可以使用红包进行引流。其具体操作方法如下。

（1）建立一个新的微信群，可以命名为"红包群"。建群完成后，在其中发一个两百元的红包，领红包方式为随机领取，数量为群内成员人数。

（2）在群内发布消息："想不想要更多的红包？想的话就自己建一个新群拉我进去，或者把自己的好友拉进来！只要拉进去，五分钟后开始发红包！"通过这样的方式，确保进入的每个微信群都是因新建而活跃度最高的。

（3）进入新群后发布消息："我现在发一个5元红包，谁抢到的最多，我就单独发个100的！"为此，所有群成员都需要加微商为好友。这样就能确保直接获得更多的用户。

不过，采用这种方法引流，效果很难持久，而这也是微信红包付费引流所存在的弊端。

Part4
朋友圈引流策略

01　如何给朋友圈做好"装修"

越来越多的微商正在将营销重点落实在朋友圈中。引流离不开朋友圈，微商也必须要学会用朋友圈来引导消费者。因此，装修朋友圈，是值得注意和加以投入的工作。

1. 微信名和微信昵称

微信名是微商朋友圈的识别标志，能够传递出许多想要透露的信息，一定要通过微信名和微信昵称将自己的身份展示出来。图2.4.1-1所示，为笔者本人的朋友圈昵称。

图2.4.1-1　通过昵称表明身份

当然，也可以用字母加QQ号或手机号的方式，以便传达出通信方式；字母加出生年月的方式，能够获得同龄客户的关注和好感；职业加小名的方式，则能够暗示产品的效用。不过，微信名确定之后就不能变更，因此要谨慎行事。

微信昵称能够传达出微商的更多信息，包括企业品牌、企业产品等，昵称不应该过于官方化、过于严肃化。可以采用下面这些命名方式。

（1）产品名称昵称：奶粉妈妈、车膜大叔等。

（2）个性化昵称：表现为各式网络昵称，总的原则是要和用户欣赏水准、生活圈子、心理年龄、社会层次相对应。

（3）"团队名称+代理名称+个人"昵称：优点是看上去统一整齐，缺点是比较长。

（4）简化昵称：阳光、欢笑、纯纯等，看起来平易近人，具有安全感，但缺点是不容易被客户所记住。

2. 头像选择

在微信朋友圈中，人们关注的不仅是你发送了什么，也包括你自己是什么样的人。选择怎样的头像，很大程度会决定别人对你的第一印象。

记住一个原则：头像应该简单大方，不需要用帅哥美女，更不要用风景图片、婴儿图片、动物图片和明星来做头像，这样很容易让别人联想到广告效应。相反，可以把自己最得体、最乐观向上的照片设置成为微信头像，一旦选择就不要轻易更改。图2.4.1-2所示，为笔者本人的微信头像。

3. 签名

朋友圈的签名很重要，一定要在字数限制内明确表达自己所从事的事业，自己能提供什么产品，这样别人才会更加了解你。图2.4.1-3所示，为笔者本人的朋友圈签名。

图2.4.1-2　朋友圈头像形象一定要正面

图2.4.1-3　朋友圈签名要重视

4. 背景图片设计

朋友圈背景图片很多人只是放一些风景照等，但是这一片地方可是黄金广告位，不利用就会浪费掉。但也不能随便放一张图片上去，要有设计感，在背景图片中展示出自己的形象、自己的头衔、自己的专长等，给人一种信任感和权威感。图2.4.1-4所示，为笔者本人的朋友圈背景图片。

图2.4.1-4 朋友圈背景图片设计

5. 朋友圈内容

朋友圈没有字数限制，但一旦超过120个字就会被折叠起来，需要点击"阅读全文"。因此，建议在朋友圈发送的文字不要超过该长度。即便有较好的引流内容实在无法缩减，也可以分别裁成几条，配上不同的图片来进行发送。此外，朋友圈一般发送的图片数量建议为1、4、6、9张比较好。

6. 朋友圈特色

朋友圈动态不能太多，也不能太少，太多会让好友产生反感，而太少则会导致缺少影响力。一般来说，朋友圈每天更新6～9条比较合理，其时间安排如下：早晨上班前，发一条心情、笑话、励志、格言等。中午时分，多数好友有一定的休息时间段，可以发送一条产品介绍信息，但不能是硬推广，必须以隐藏方式引导客户。例如，晒一张使用了化妆品的照片，或者选择一张饭后休闲项目的照片等，都能将产品隐藏在其中。到下午下班时间段，可以发一条正在打包、发货的图片，并配上心情。晚间八点多和深夜，则可以发一两条和产品有紧密联系、直接介绍的图片和文字。

除了需要注意数量和时间之外，内容也应该真实可信，令人容易接受。应该用自己亲身试用的图片形式发送，这样能够让客户因为真实而前来了解产品。此外，应该注意不要从网络上盗用别人的图片，也不要复制粘贴他人的文字，否则就会大大损害你在客户心中的形象。

最后，朋友圈信息发送还要有充分的亮点，即能够吸引眼球的内容。例如。今天有个客户介绍了新的朋友认识；今天的出货量达到了最高；今天某客户产生误解生气，但最终顺利解决……这些都是能够让别人对你这个"人"而非"产品"感兴趣的内容。当好友对你的生活和工作产生兴趣后，才会对产品感兴趣。

02 朋友圈作图指南：非学不可的三个秘籍

微商朋友圈引流最常见的工作就是：作图。除了朋友圈本身的文字内容之外，图片一定要恰当运用。因为每个微信好友，在浏览朋友圈时，首先看的不是文字内容而是图片，被图片吸引，才有可能去看文字，最终引流成功。

朋友圈作图，有下面三个非学不可的秘籍。

1. 图片要选择和搭配

一条朋友圈配发的照片数量，通常为1、2、3、4、6、9，可视性强。不同朋友圈，应该选用不同数量照片，可以3张的发一条、4张的发一条、9张的发一条等，避免枯燥乏味。通常情况下，如果想要表现的主题单一笼统，如仅仅是一束鲜花、一张证书等，那么可以只选择用1张图片表现。但如果想要表现出产品或者服务的细节，就要包括整体效果、使用效果、细微效果等不同的图片。

2. 图片要有人的因素

微信朋友圈尽量要使用手机拍摄的图片，而不要选择专业单反相机拍摄的照片。这样才能表现出产品和服务背后的"人"。另外，尽量让图片内容能够和普通人联系在一起。例如，让用户穿上你销售的衣服拍照再传给你，由你放在朋友圈；对用户的好评和回复进行截图，放在朋友圈；将寄送产品的快递单、包裹单拍成照片，不如将忙碌发货的团队拍成照片效果更好。

总之，要让微信好友看到图片，就想到产品背后的人。这样的引流效果才会出色。

3. 让图片更加美观、更有不同

适当上传那些最简单的图片并没有错，因为朋友圈本身的格调应该是真诚的、去除矫饰的，但有时候也需要用工具让图片更加美观、更有个性。

可以考虑使用一些对应的美图工具来达成上述目的。例如，用美图、玩图、小Q画笔、魔库、黄油相机、简拼等制图APP，这些工具都是在手机上就能操作使用的。使用这些小程序，不仅能够对图片加以美化，还能将文字结合图片产生新的效果。

需要注意的是，图片美化点到即止，不能过度，更不能为了怕吸引力不够而运用太多美化手法。例如，一些微商将图片上写满文字，生怕遗漏了卖点，但实际上这些文字描述应该是在朋友圈文字上采用的，而并非写在图片上。又如，一些明明可以合并成为一张图片主题的因素，非要拆分成为不同图片，导致朋友圈变得如同垃圾堆一般杂乱不堪，很容易被好友屏蔽。

为了避免出现上述问题。最值得采用的工具是微商水印相机。通过该APP，微商能够批量为图片增加水印、文字，还可以对图片进行留白、打马赛克、画笔、拼图、海报、截图等处理。整个APP覆盖了目前微商朋友圈图片的主流需要，尤其是支持批量处理，能够一次性完成上百张图片的处理。

03 朋友圈文案写作心法

许多微商希望用朋友圈文案来引流，但他们的朋友圈文字又都是直接复制粘贴上家或者企业品牌方，几乎难以从中读出营销者自己的思想，也没有任何个人感情色彩，由此导致没有互动、没有主观思想，朋友圈很容易变成一潭死水，时间稍长，就会被屏蔽、被删除，更谈不上引流。

怎样才能在朋友圈打造出高质量的文案呢？重点要把握以下两个原则。

1. 朋友圈文案最好要传递出应有的实用价值

这一是为了吸引好友的关注，二是为了塑造自己的专家身份，从而让微信好友认可和相信你。具体来看，朋友圈文案不应该再走刷屏式、鸡汤式、反复式的文字风格，而是抓住用户的实际需要。

例如，某面膜微商在秋冬季节发现好友中有不少人抱怨皮肤干燥，于是她就主动在朋友圈中发送了自己使用补水面膜的体验和心得，这恰恰是好友们所需要的，同时也打造了她作为皮肤补水专家的朋友圈价值定位。

2. 文字风格要有自我个性

每个人都不希望自己接触的东西和他人大范围重复，因此，你需要有自己的语言特征和风格，这并非意味着要有多高的写作水准，而是需要给好友留下深刻的印象。

例如，有些女生用可爱化、口头化的文案进行朋友圈引流，而另一些微商营销人员则使用知心姐姐的文字风格等。无论选择怎样的个性标签，只要你能够在微信好友心中形成积极的、正能量的形象，让他们在看到你的朋友圈文案时，心中有一定的感触，那么引流的基础就具备了。

3. 信任感

朋友圈文案的成功，离不开信任关系的建立。因此，文字不要总是集中在产品和服务之上，而是要包含一个人完整生活的方方面面，如日常生活、旅行感悟、情感状况、家庭生活等，用不同的文字来描述这些日常感悟，微信好友才会对你有兴趣，想深入了解和交流。

在上述基础原则上，我们可以利用下面这些技巧设计朋友圈文案，如图2.4.3-1所示。

1. 设置谜题

在文字内容中发布问答题、选择题、猜谜语、小测试、小调查、求助问题等，或者是考一考好友的智商、经验，或者是有意"暴露"自己知识的不足，寻求大家的帮助。为了能够更好设置类似问题，平时就应该多收集这样的问题，稍微加以改编之后，通过自己的语言进行表述。另外，在提问之后的互动过程中，要记得及时进行回复。

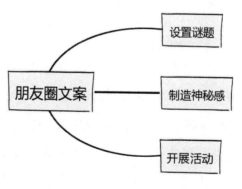

图2.4.3-1 朋友圈文案写作技巧

2. 制造神秘感

可以发送一些比较有神秘感的语句，例如"今天我接到了一份让人想不到的订单""没想到她也用这样的产品啊""是不是终于有朋友要中大奖了呢"等。当大家看到这样的微信之后，很多人出于好奇就会迫切想要知道内情是什么。这样，在朋友圈消息下留言、私聊询问的人就会逐渐增多，互动也就随之产生了。

3. 开展活动

当朋友圈人气比较低迷抑或节假日期间，可以采用集赞、转发、评论、回答的方式，开展有奖活动。奖品可以在朋友圈文案中进行提前公布，要有一定的价值，问题则不能设置太难，从而激发微信好友参加的积极性。这样就能带来更多流量。

04　朋友圈引流应注意的五个陷阱

在微商引流操作中，朋友圈引流由于方便易学而显得门槛较低，普通人在很短时间内都能掌握运用。然而，门槛低并不代表成功率高，如果陷入下面的陷阱，朋友圈引流也只能是"看上去很美"。

1. 忽视反馈

朋友圈引流最大价值之一在于迅速互动，如果没有互动，就丢失了朋友圈引流的价值。如果微商总是在朋友圈发文字发图片，不断炫耀产品的价值，不断告诉别人又成交了多少单，但却从来不看看好友们在做什么，也不回复他们的评论，不去主动评论他们的朋友圈，那么就很难得到反馈，更难以成功引流。

想要破解这种情况，就应该多去关注好友在说什么。可以抓住好友评论自己或者发布新朋友圈的机会，去主动回复或者留言，这样就能逐步熟悉起来，并带动接下来的引流。

2. 好友不求质量

不少微商为了求快，通过种种渠道、工具进行加粉，希望让好友多起来再发挥朋友圈的威力。然而，市场上很多微信加粉工具带来的是"僵尸粉"，甚至是微商之间相互加为好友。这样无形中就陷入了追求数量不求质量的陷阱。

即便是朋友圈引流，也应该重视粉丝数量，按照每天加几个高质量好友的方式逐渐积累。当产生充分的信任和情感之后，可以再通过他们，进入新的微信群，获得新的好友。积少成多，哪怕花费半年时间积累到一定数量，朋友圈引流都会变得轻而易举。

3. 产品不固定

某些微商似乎并不清楚自己到底想要销售什么，经常更换产品，甚至一天之内在朋友圈中发放几种风马牛不相及的产品图片、文字。这种情况会让微信好友认定你的产品太杂、种类太多，也不便于形成个人品牌感。

解决之道：想要同时卖几样产品，可以用不同的微信号进行引流操作，让人感觉你的产品是专业的、独到的。

4. 团队太小

无论个人引流能力有多强，依靠一个微信号的朋友圈进行微商引流，必然不如一个完善成熟的团队。因此，如果从代理起步，在选择加入微商时，首先要选择好的团队，即那些能够主动给予指导和帮助的平台，而不是仅仅收取加盟费的微商企业。同样，如果本身已经是比较成熟的微商，就应该重视通过朋友圈的互动，主动发现那些能力强、热情高涨的好友，并将他们发展成为代理团队。往往引入了一个好的代理，其成交效果要强于一百个普通客户。

5. 缺乏原创力

朋友圈引流，最容易陷入的误区就是"动动手机复制粘贴"。无论是代理团队，还是个人微商，想要依靠搬运别人的文字和图片，就获得大量消费流量，几乎都是痴人说梦。所以，必须要有充分的原创力，文字和图片要有差异性、新鲜感和吸引力，能够自己写出与众不同的东西才能吸引别人。即便文笔不行，也要多晒几张自己的照片，表现出积极向上的工作和生活态度，从而增强对他人的吸引力。

Part 5
敢造势善造势：如何造势更吸引人

01 朋友圈造势的三个原则

朋友圈需要造势，这是因为朋友圈与微博、论坛和QQ群不同，是一个完全封闭的网络社交空间。一旦通过朋友圈发布信息，让别人意识到产品价值的存在，就会形成良好的消费氛围。这样，引流的势头就形成了。

由于朋友圈中的图片最能吸引他人眼球，因此，想要成功造势，要会正确运用照片造势技巧。

1. 自拍技巧

微商（尤其是代理），必须要懂得如何自拍。自拍并不是为了展示个人外貌，而是要和微信好友"混个脸熟"。对于用户而言，能够看到你的脸，显然会比毫无印象情况下更容易拉近彼此距离。

自拍应该选择适合的角度，例如左侧45度，避免直视镜头，手机既不要太高，也不要太低。同时，要注意尽量选择自然光拍摄。如果光线不足，就应该选择利用自然光等方式打光，或者采取逆光拍摄。

2. 构图技巧

无论是拍摄生活场景，还是拍摄产品或服务的过程，构图水平都会影响到照片带来的引流效果。

下面这些构图方式值得选择。

（1）中央构图法，将产品或焦点事物放在图片正中间。

（2）黄金分割构图法：可以同时展现多个焦点。

（3）对角线构图法：可以展现两个重点事物。

（4）对称式构图法：形成强烈的对比或映衬效果。

（5）画框构图法：能够吸引观看者的注意力，让其视线集中在一定范围内。

（6）三角形构图法：让图片上的事物形成稳定感。

（7）S形构图法：能够让图片流畅生动起来。

（8）放射式构图法：图片层次清楚、中心突出，并能引导视线集中在照片中心。

3. 主题技巧

朋友圈中的好照片，要有一个鲜明的主题，而不能只是满足于传达某个形象。例如，想要让用户看懂老年人保健食品的功能效用，就不能简单地用一张说明书照片、成分表照片来达成，而是可以将产品和老人丢下的拐杖放在一起拍照，其中传递出的寓意就是使用了产品之后，老人可以扔下拐杖，轻松自如地享受健康生活。

类似这样的照片，或者是表现一个人的变化，或者是表现一个故事的变化，主题明确精准，排除或者压缩那些有可能分散用户注意力的内容。这样，就能够让观赏者在看到图片时，一眼就看懂营销者想要表达的主题。

02　图文造势的四个秘诀

与公众号营销有所不同，微商团队引流或营销的工作重点在朋友圈。作为其中的个体营销者，需要懂得用朋友圈来进行图文造势。

造势的成功会表现为这样：无论是刚刚认识不久的新朋友，还是已经和你认识多年的老朋友，只要他们需要某种产品，就会立刻想到联系你。甚至他们在生活、工作中进入某种情境时，就会想到你这个人。而这正说明了引流成功，达成了造势的目的。

下面就是在朋友圈进行图文造势的秘诀。

1. 结合个人资源设计"势"

在开始朋友圈造势之前，先对"势"加以设计，即确认自己需要什么样的氛围，而不是盲目进行。为此，你不应该无视甚至否认之前微信好友对你产生的印象，而是要不停用事实告诉他们，你个人的能力和经验，已经等于了某种产品。同时，也不要尝试过于直白地告诉他们这一点，否则可能会因为过于急躁，反而失去原本正常的造势节奏，导致欲速则不达。如图2.5.2-1所示。

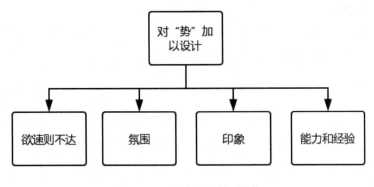

图2.5.2-1　要善于设计"势"

假设你是在餐饮业界浸润多年的厨师，希望能够从微信朋友圈打造出自己的微商餐饮"势头"。此时，你的目标是逐步将日常菜品的照片一点点放进朋友圈，让别人知道你的职业，并在文案内容上，展示出你对烹饪的经验和理解……

这就是一种不断强化自身"势"的积极引流方式。

2. 避开竞争对手树立"势"

在充满竞争的社会中，没有人可以在任何行业都做到最好。因此，与其奢望别人将你奉若神明，不妨让自己细化进入某个行业的某一分支，甚至只是某一件小事上，成为其中最与众不同的人。这样，你就拥有了独树一帜的势头，可以成功地避开绝大多数的竞争对手，直接成为最好的引流入口。

为此，商家在微信朋友圈上的一切图片和文字，都应该保持中立的态度，不需要也不应该将自己的产品、能力吹嘘得天花乱坠，只需要恰如其分地让客户们看到你的特点即可。只有这种平和客观的内容风格，才能让他们进入理性分析的消费氛围中，真正愿意长期接受你对自我形象的展示，并逐渐认可你是最独特的。

3. 凸显消费"势"

微信平台的私密性，决定了营销情况是任何微信好友都无法直接看到的。这样，商家就能够很好地在朋友圈上突出他人消费的势头，利用消费者的跟风心理进行引流。

例如，商家可以先找到最初的客户进行交易，这些客户可以是熟人朋友，甚至可以是自己的小号，在完成交易之后，注意将交易完成的转账页面和评价页面进行截图。这些截图就可以发到朋友圈，形成消费旺盛的"势头"。当你分享几次这样的图片之后，就会有更多真正的客户前来购买，而随后的引流就会顺畅许多。

4. 烘托服务"势"

朋友圈引流的重要意义，还在于能够利用这一平台展现出商家服务的特色价值。可以多运用图片和文字来持续展现是如何为已有客户服务的，包括咨询、建议、维护、跟进、解决问题等，这样就能让微信好友意识到商家对产品和服务的持续负责态度。

想要烘托出服务的"势"，可以用叙述工作的方法。

如"今天又解决了几个新朋友的疑问""帮客户终于做出了选择，好开心"等。也可以用截图方法，展示用户是如何与你沟通交流、如何为最后结果的完美而感谢你的。

总体上的原则，是让好友看到你对用户的耐心、细致和认真，体会到服务的价值所在。

 ## 03　分享链接造势的策略

腾讯曾经发布过一个可能让不少人沮丧的调查报告：在朋友圈中，只有3.75%的H5应用会被打开。考虑到很多微商都是在用H5应用来做引流活动，我们不禁要问，究竟什么样的活动才会在朋友圈中引起好友注意，成功造势？

想要了解活动造势怎样成功，就要明白朋友圈活动的内涵。与微博、QQ群的公开化传播不同，朋友圈活动的特殊价值在于社交封闭关系中的裂变传播，当有用户被活动所吸引之后，就会选择分享到其自己的朋友圈，由此得到流量的倍增。

这种活动最典型的代表当属"萌宝投票"之类，2014年最早的类似活动，为很多商家带来一周数以万计增长的粉丝流量。正是因为这些活动把握了父母对孩子关爱的心理，抓住他们会鼓动身边人为自己孩子投票的行为模式，才带来伴随活动传播而形成的指数级增长流量。

当然，"萌宝投票"并非万能，很多人已经厌烦了需要不断投票参加的朋友圈活动，引流效果也有所下降，但活动造势的策略实际上并没有改变。其中的重点，主要包括下面几种，如图2.5.3-1所示。

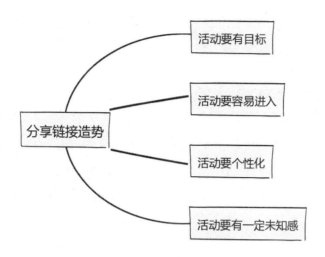

图2.5.3-1 分享链接造势的策略

1. 活动要有目标

通过活动的制作、图文的表达，传递给用户坚定的目标感，只有让用户发现参与游戏的意义，他们才能找到自我认同的理由，真正投入并参与其中。这种目标可能是为了表达情感，也有可能是为了履行责任，也可以是单纯的利益趋势，无论具体为何，最终一定要打动用户。

2. 活动要容易进入

微信上的用户基本是毫无耐心的，一款能够成功引流的活动，一定要让用户能够迅速融入、参与，而不能有任何复杂的流程。在设计活动时，要懂得删繁就简，能够将最重要的内容在第一页就告诉好友，以便于好友在开始参与活动之前就清楚应该怎样开始。

3. 活动要个性化

针对不同的产品用户群，应该设计不同的活动，从而满足他们的个性追求。例如针对年轻人，活动可以围绕爱情或者时尚主题来开始，某个品牌的微商就开展过在线生成结婚证的活动，赢得了许多年轻微信好友的喜爱，得到了大规模的分享传播。这是因为年轻人憧憬幸福婚姻，但在这样的共性下他们又追求有"设计证书"的个性，而这种活动恰好满足了这种追求。

4. 活动要有一定未知感

如果活动还没有开始，整个过程和结果就已一览无余，无疑在微信好友心中会失去很大部分的吸引力。如果活动整体流程清楚明确，但最终的奖励又藏有惊喜悬念，反而能够得到更多关注。因此，不少成功的微商朋友圈活动会设置随机的幸运奖来调动那些无法满足成功条件者的积极性，让这些人即便拿不到普通奖励，也有动力继续传播内容，带来源源不断的流量。

 ## 04　转发内容造势的技巧

朋友圈造势，除了产品、服务本身的价值，还需要让人们看到微信拥有者的专家形象。这样的专业形象利于引流，但却又不是一两次广告就能打造成功，而是需要真实可信的材料，在朋友圈中日积月累，才能得到完整的形象展示效果。

1. 合理搭配硬软宣传

专业造势意味着让陌生人能够接受营销者的专家形象。为了达成这一意图，既不能片面地盲目宣传夸大，也不能过于低调，而是要用硬广告加软文方式搭配起来，进行多方位宣传塑造。

例如，某微商在一天的朋友圈中，发送了这样几条信息。

第1条：今天参加上海、浙江××微财富论坛，专门受邀请上课，课程火爆，很受感动！

第2条：下午就要离开上海了，这个月工作节奏太快了，下个月要到成都，后面还要飞往中国香港。

第3条：中午抽空读书，人生就是要不断超越自己、构建团队的过程！

第4条：新的一轮战斗打响了，晚上回到公司总部，召开工作会议。

第5条：回到公司了！熟悉的伙伴们重新相聚，有谈不完的营销思路和培训话题……

上面这些信息，有的是有明显意味的宣传广告，也有的看似随想而发的个人生活工作总结。但其背后用意都是从软硬两方面来告诉微信好友：你很受欢迎，你的公司事业很大，你的日程很忙碌，你是非常专业的人士。

或许你的微商事业才刚刚起步，但为了让用户接受你的形象，认可你的实力，营销者有必要将朋友圈打造成为这种专业感强烈的氛围。值得提醒的是，这种打造并不等同于虚假宣传和过度包装，那种动辄在朋友圈上晒豪车、别墅、国外旅游的做法并不值得称道，因为其中没有透露出真正为客户付出、为工作努力的正能量。新时代的专业造势方法，更强调以辛勤努力、奉献价值的态度去感染读者、感染用户。

2. 细节展示专业感

在朋友圈中打造专业氛围，还需要从种种细节上的感觉做起。

（1）微信的头像不仅要用真实照片，最好是职业装照片，或者是在进行培训、论坛时候的演讲照。这样能够让人一眼看上去引发推崇心理。

（2）使用真实名字，也可以用名字+老师、名字+专家、名字+教授等形式。

（3）微信号尽量简单、专业，最好是本人名字的首字母加上数字。

（4）定位使用公司的真实所在地，而不是用诸如国外地点之类。

（5）签名栏应该用身份、产品和业务介绍模式。例如，可以采用精油养生专家××，欧洲进口精油批发和团购咨询。

（6）在微信朋友圈相册封面上，不要放上产品图片或者业务宣传语，否则会过于商业化。相反，应该尽量放上演讲照、培训照或者公司办公照片。

（7）适当展示荣誉，将身为专家所获得的个人荣誉晒在朋友圈中，能够更好地证明专业素养和受欢迎程度。

05　如何在培训会上为自己造势

微商离不开互联网平台，但微商造势又不能只是在线上，适当地进行线下造势，可以通过面对面的直接交流，获得真实可靠的流量。然而，纵观目前的微商行业，最稀缺的资源不是微商代理，而是能够讲好课的讲师，很多团队正因为缺乏优秀的讲师资源，导致造势不佳。

想要让培训会变成造势的平台，离不开下面这些原则。

1. 找准讲师

如果微商团队有专门的讲师，那么培训进行起来会变得相当容易，造势也会顺利很多。否则，如果通过外聘讲师进行培训，不仅费用较高，也不利于团队代理的向心力打造，更容易导致线下流量的减少和损失。

2. 塑造讲师性格

诚然，没有人天生就是优秀的微商讲师，但为了能够在培训会上形成足以打动普通用户的气氛，营销者应该尽量具备下面的性格特征。

（1）喜欢分享和帮助别人；

（2）喜欢站在舞台上展示自己；

（3）喜欢和别人探讨某种想法；

（4）期待自己能够对别人发挥更大的影响力；

（5）喜欢交流，并享受传递思想的过程；

（6）期待用口才去改变别人。

3. 熟悉培训会流程

首先，要尽快走上培训讲台，不必等待所有的条件成熟，而是要全力以赴，不必担心结果，先学会面对很多人上课再说。同时，要在初次上课之后，及时总结经验教训，随后做出调整。

其次，寻找培训会听众。可以在朋友圈中发送一条消息，邀请所有有意向参加培训会的朋友联系自己。这样，就能够由少到多积累一定的听众来参加培训。坚持一段时间后你会发现，随着听课人数的增加，你将会越来越熟练，能够吸引的人也越来越多。

当然，为了打造出推崇感，无论多少人听培训课，在课程结束时，你应该建议他们发送起码一块钱的红包，当他们真正付出了金钱之后，就会不知不觉地认同你的造势结果。

再次，在培训课最后一定要及时总结，要告诉所有学员你通过这次培训，认识到了哪些朋友、收获了哪些自己身为导师的心得，并希望帮助他们解决哪些问题和困难。当你说出这些总结的观点同时，参与培训的好友也会强烈感受到你对培训活动本身的思考和感悟，他们会因此对商家品牌产生良好印象，并因此带动更多流量前来关注。

不断重复上述流程，你就能够得到越来越丰富的培训会造势经验，从中受益匪浅。

06 借力使力，联合行业内大咖做招商会造势

无论是侧重线下的实体企业，还是移动互联网时代壮大起来的微商，目前，我国多数的私营企业和商家，所拥有的渠道资源都是有限的，他们需要通过熟练地运

用渠道技巧，在招商会上借用渠道之力，获得普通手段所无法吸引的流量。

采取招商会的模式，能够集中展示商家的实力，体现作为一家企业的整体执行能力。此外，招商会上进行的产品展示、策略讲解、政策说明也相当集中，能够将整个微商营销团队中最好的资源、最好的讲解者，一次性解决各项重点问题。

此外，招商会有着线下的直观、热烈气氛，能够烘托出新闻效应，更容易形成势头，如果在招商会上邀请明星、专业人士等，就更能为企业造势推波助澜。

不过，招商会是否能够带来强大的势头，并非会议本身所决定，而是要看前后工作是否周密细致、现场是否能够集中体现。一般而言，微商的招商流程有以下六个方面能推动造势，如图2.5.6-1所示。

1. 前期造势

在招商会前期造势的手段包括：在QQ群、微信群、微博中进行大面积广告轰炸，在朋友圈进行悬念信息发布，营销团队业务员和代理商的主动沟通，邀请函发送，电话邀约等。这样的准备工作，对于成功吸引高质量的营销代理商有明显作用。

2. 主题造势

如果微商不能为每次招商会设计出不同主题，造势就会显得过于枯燥和单一。实际上，在邀约过程中，可以适当透露本次招商会的主题，可以渲染新品的吸引力，也可以突出现有的业绩如突破亿元大关，或者是纪念创业××年等。

3. 政策造势

经销政策的内容，能够体现微商对产品推广的既有思路，同时也能够表现出企业的专业程度。在招商会准备期间，利用和招商目标沟通的机会，将政策优惠程度加以透露，从而引发他们的内心期待。

4. 现场沟通

现场沟通是招商会的核心环节，是微商引流造势的关键步骤。营销团队人员应

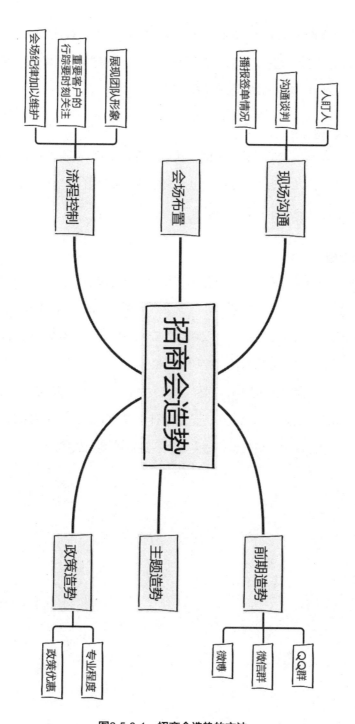

图2.5.6-1　招商会造势的方法

该加以分工，形成"人盯人"局面，在讲解人介绍完毕之后，迅速和各自目标客户进行沟通谈判。同时，讲解人也应该继续留在讲台上播报签单情况，提醒优惠截止的时间，从而对目标客户形成心理压力。

5. 会场布置

招商会的布置应该凸显成交氛围，其中产品的展示、灯光的布置、主持人和讲解人地位的核心，以及明星、专家的出场顺序等，都要相互结合，再配合现场激情的音乐，带来具有煽动性的心理暗示效果。

6. 流程控制

招商会上的营销人员应该对客户活动和沟通程度进行一定的控制和引导，展现团队形象的正规、高标准、严要求；对重要客户和嘉宾的行踪要时刻关注，尤其是有单独行动的客户要重点掌握；会议现场要安排会场组，对现场的纪律加以维护，对经销商所展现出的反应加以及时控制和汇报。

此外，微商还可以根据实际需要，积极发挥创意。例如以餐会、晚会、体验甚至旅游、拍卖的方式进行招商。但无论采取什么样的形式，都应该围绕主题进行，确保能够最大程度调动现场气氛，激发经销代理商的签约热情。

第三篇 如何做好代理培训与招商管理

——代理强不强，领导看担当

讲是一门艺术：代理培训该如何讲

善谋布局：代理培训内容步步为营的六个技巧

恰当表达：销讲时的口才及表情动作修炼技巧

说服策略：如何让代理无法拒绝

Part 1

讲是一门艺术：
代理培训该如何讲

01　招代理不得不讲的五种干货

微商成功的核心就在于代理的招募，如果没有代理的帮助，你的产品再好、流量再多，最终的成绩也有限。想要招募更多的代理，代理培训必不可少。然而，销讲会如何去讲呢？最重要的就是干货，如果没有干货，纵使你讲得天花乱坠，也只是"画大饼"。

在招代理时，也有五种干货不得不讲。

1. 商机

代理之所以愿意与你合作，核心原因就是你的产品具有商机。怎样讲商机呢？

> 比如你做的是成人用品，一般人对此都感到有些羞于启齿。但其实，中国成人用品市场规模已经突破千亿元，作为一种"刚需"产品，真正销售的商家却很少，市场优势明显；而成人用品本身呢，成本低、利润大，大多数人都能做。

你要告诉他们产品的市场机会，简而言之，就是"蛋糕很大，分蛋糕的人很少"。除此之外，入行门槛也是一个关键的问题，比如每个人都知道房地产很赚钱，但绝大多数人根本没有足够的资金、良好的社会关系进入房地产行业，这就是门槛问题。如果入行门槛较高的话，即使市场机会再好，别人想加入也加入不了。

在讲述商机时，你要尽量使用图表展示各种权威数据，如此一来，才能让代理直观地看到商机所在。如果你只用嘴说，没有数据，就很难获得对方的信任。

2. 心态

微商一定要讲心态。图3.1.1-1所示，是微商必须具备的三个心态，尤其是对新人而言。

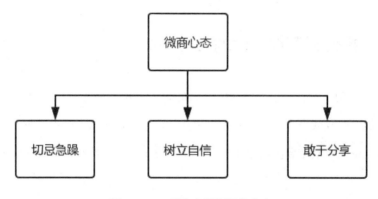

图3.1.1-1　微商必须具备的心态

（1）切忌急躁。很多人以为只要转发几条广告，朋友圈里就会出现大把的订单，他们把微商想得太简单了。其实，微商想要开单并非易事，很多微商刚发布几条朋友圈广告，就被屏蔽，甚至被说是骗子。此时，他们就可能崩溃，自暴自弃，或者认为自己真的上当受骗。

（2）树立自信。无论做什么事，自信都是最重要的。如果前怕狼后怕虎，那微商事业肯定无法成功。很多微商就是如此：既怕囤货太多卖不出去，又怕发广告被朋友屏蔽，还怕上家供货慢、产品差……你一定要帮助微商树立自信。

（3）敢于分享。你一定要告诉代理，从事微商并非单纯地发广告、做业绩，微商其实就是分享。分享各种有效信息，分享你的优质产品，分享新的生活状态。分享是为了让亲友获得更好的生活体验，而不只是为了自己赚钱。

3. 制度

在为代理做培训时，你需要明确自己的代理制度。所谓"无规矩不成方圆"，任何合作都需要被纳入一定的制度框架当中。成为你的代理，可以享受怎样的福利，又需要承担多少责任；业绩突出可以获得多少奖励，破坏品牌形象、代理规范也要受到惩罚……这一切，你都在招募代理时就讲清楚，以免后期出现扯皮的事情，甚至对整个团队造成负面影响。

比如你做区域分级代理，每个代理都有自己的负责区域，不能跨界；此外，每级代理的销售价都有明确规定，一级代理的销售价必须高于200元。但一个一级代理为了做更多的业绩，都是以160元销售，就会导致跨区域拿货的情况，损害团队的利益。

4. 方法

做微商要讲方法，微商不是转发几条朋友圈广告就能开单的事情。发什么广告、何时发广告、如何与客户沟通……这些细节都需要一定的方法，如图3.1.1-2所示。否则，代理不仅做不出业绩，盲目地做广告，也会损害品牌的形象。

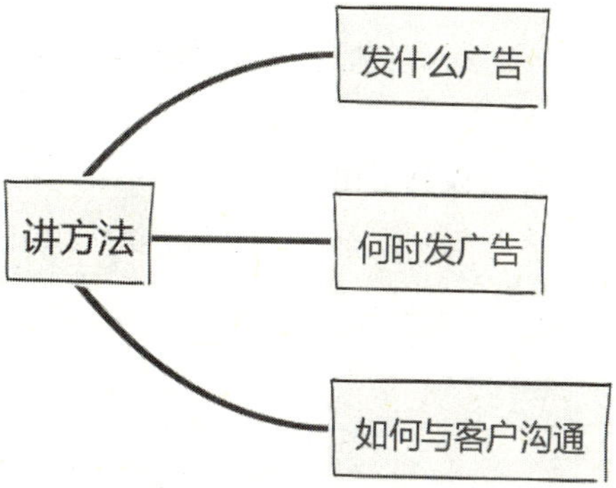

图3.1.1-2　做微商要讲方法

在招代理时，你就要告诉他们做微商的方法。当然，讲方法也不是毫无保留地讲，你可以讲些常见的有效方法，但你专属的小技巧，你则要学会先藏起来，等对方真的成为代理时，再做分享，以免被竞争对手"偷师"。

5. 产品

产品是代理培训的重头戏。俗话说："方向不对，努力白费"，微商并非做每个产品都能成功，只有选对产品才能事半功倍。很多人都明白这个道理，因此，你要向他们详细介绍你的产品：你做的是什么产品，这个产品有什么特点，你的产品又有什么优势……从而赢得代理的认可。

比如你做茶叶，你首先要说明茶叶这个产品本身的优势：首先就是消费群体大，无论男女老少都会喝茶，而且它是快消品，客户每天都会泡茶；其次就是喝茶有益身体健康，提神醒脑，还能补充维生素。而你的茶叶有什么优势呢？比如你距离原产地近，茶叶质量有保证，而且货源足、供货快。

02 如何给代理开会

每个微商都要学会给代理开会，如果只是"放养"，那代理跟你不会保持亲密的合作关系，你也无法借助代理实现团队裂变。

1. 会议制度化

笔者认为，微商一定要把给代理开会作为一种制度确定下来，如图3.1.2-1所示，而不是随性而为。

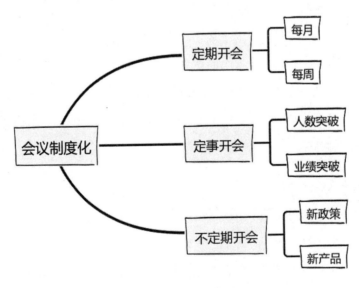

图3.1.2-1　会议制度化

（1）定期开会。

开会是培训代理专业能力的关键手段，也是维护团队关系的有效方式。为了让你和你的代理更加亲密，你最好定期开会。一般而言，每月或每周开一次例会或培训会最好。

（2）定事开会。

每逢团队发生重大事项时，你都应该开一次代理大会。

比如代理人数突破千人，或团队业绩突破千万，在这种时候，给代理开一次大会，有助于激励代理团队。另外，每当新入代理达到一定数量时，你都要针对这部分代理，开一次见面会或迎新会。

（3）不定期开会。

微商市场瞬息万变，内外部环境随时都可能发生重大变化，比如国家出台新政策或发布新产品等，此时，你就要通过开会对此进行解读。

2. 会议参与度

只有当代理热情参与时，你的会议才能产生相应的作用。想要让代理热情参与，你就要让你的会议具有相应的价值，应该具备如图3.1.2-2所示的几个要素。

（1）提高会议价值。

同样是会议，但每场会议的主题都有所不同，其针对的代理群体也有所不同。但无论如何，你都要保证你的会议内容，对于对应的代理具有更

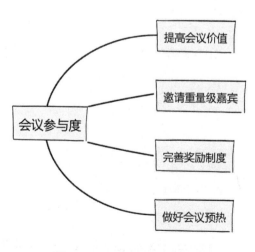

图3.1.2-2　要重视会议参与度

高的价值，这样才能吸引他们参加。

（2）邀请重量级嘉宾。

会议的价值，很大程度体现在销讲人身上。同样的内容由不同的人来讲，其效果也会截然不同。如果有重量级嘉宾到场，你的会议也必然会吸引到更多的代理参加。

（3）完善奖励制度。

只有当参与人数足够多时，你的会议价值才能最大化。为此，你可以在团队内部建立与会奖励制度。

比如每次与会可以签到获得积分，积分可以累积兑换奖品；或者是在每次会议上加入现场抽奖环节。

（4）做好会议预热。

在举办会议之前，你就要借助各种手段做好会议预热。你要明白，并非只要宣布会议时间、地点，代理就会自己主动来参加。你要早早地开始为会议造势，并主动邀请相应的代理参与。

3. 会议移动化

由于线下会议的局限性，很多代理因为地域原因，无法参加会议。对于这部分群体，你也要考虑到他们的需求。

（1）线上会议。

对于一些内容比较简单的会议，出于控制组织成本和扩大受众范围的需求，你完全可以组织线上会议，比如在微信群里开会，或者是开个直播间开会。

（2）现场直播。

相比于纯粹的线上会议，线下会议可以办得更加精彩，但与会人数也必然受到限制。此时，你也可以借助各种直播APP，对会议现场进行线上直播，甚至与线上观众互动。

 ## 03 不同的招商会，销讲内容要因事而异

会议的形式各种各样，主题也不尽相同，而不同的招商会，你的销讲内容也要因事而异，而不是"以不变应万变"。

1. 产品招商会

产品招商会的主题，类似于产品发布会，让更多的人认识并认可你的产品。笔者认为，在产品招商会上，需要处理好三大关键环节，如图3.1.3-1所示。

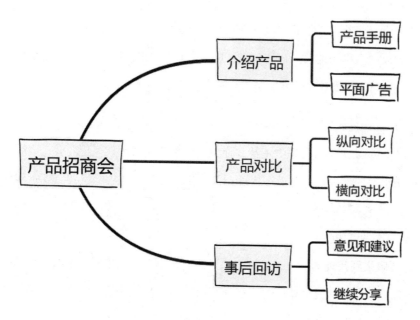

图3.1.3-1　产品招商会要处理好三个关键环节

（1）介绍产品。

在产品招商会上，你首先要介绍你的产品，让听众明白你的产品所具备的功能和性能。这是产品招商会的核心环节。为了让听众进一步了解你的产品，你也可以采用产品手册、平面广告等作为辅助。

（2）产品对比。

每个产品在市场上都存在竞品，你要说服听众认可你的产品更加优质，就要做好产品对比。产品对比可以分为纵向对比和横向对比。

纵向对比就是将该产品与你的往期产品进行对比，说明产品的改善之处。

横向对比又可以从两方面进行，其一是性能相似的产品比价格，其二是价格相似的产品比性能，从而突出你的产品的性价比。

（3）事后回访。

在产品招商会之后，你需要安排工作人员对与会人员进行回访，询问他们对于产品、会议的意见和建议。在这一过程中，你可以采集到反馈信息从而改善自身，另外，你也可以借助这个机会，继续分享你的产品。

2. 代理招商会

微商的成功离不开代理的支持，你总是需要举办各种代理招商会，吸引新的代理或维护已有的代理。因此，在代理招商会上，你的销讲内容也要更加针对代理的需求。

（1）说明商机。

想要吸引到代理的加入，你就必须说明商机所在。如果商机不够诱人，听众自然不愿意投入自己的资金和精力。在说明商机时，你也要尽力营造紧迫感，让听众明白商机稍纵即逝的道理。

比如"我们一生中有过很多机遇，但都在我们犹豫不决的时候，与我们擦肩而过！就像三十年前错过了下海经商，二十年前错过了房地产，十年前错过了淘宝一样……我们最大的浪费就是我们的时间成本，往往只要我们勇敢迈一步就会抓住机会的！"

（2）介绍产品。

代理招商会同样需要介绍你的产品。即使听众认识到商机，如果他们不认可你的产品，你也只是为他人作嫁衣。

（3）阐述模式。

你的经营模式究竟是怎样？成为你的代理，能够享受多少福利？又需要承担多少责任？这些你都需要阐述清楚，只有阐述清楚你的代理模式，将选择权交给对方，对方才能放心与你合作。

例如，"如果你是二级代理，可以吸引零售客户；如果你是一级代理，能够吸引二级代理和零售客户。如何去做都取决于你自己。"

（4）获取信任。

你要明白，微商市场的蓬勃发展，也使得微商市场良莠不齐，你必须赢得代理的信任。这种信任不止体现在产品上，也体现在你身上。只有当听众信任你和你的产品时，你的招商会才可能成功。

3. 产业招商会

微商的成功，虽然在很大程度上取决于自己的能力，但想要实现更大的成功，也需要与产业链开展合作，否则就只是闭门造车。产业招商会就是要寻找合作商，具体而言，又可以细分为三种，如图3.1.3-2所示。

（1）厂家招商会。

做好微商离不开优质的产品，而想要保证产品质量，你就要找到靠谱的厂家。因此，在厂家招商会上，你就要扮演一个客户的角色，说明你对厂家、产品、价格等各种要素的需求，然后与各个厂家相互交流，选取其中一家或几家进行合作。

（2）技术招商会。

微商属于电商的一个进化分支，因此，微商的发展也离不开各种互联网技术的支持。然而，你肯定没有精力自己学习这些技术，所以在技术招商会上，你就要将技术部分的工作交给专业人士，从而提升你的微商发展效率。

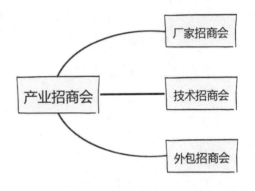

（3）外包招商会。

图3.1.3-2　产业招商会的类型

为了保证自身的"轻量化"发展，你最好把所有能够外包的工作都交给专业人士去做。在外包招商会上，你要明白，你要找的是最专业的外包商。

04　销讲会的组织流程及注意事项

不同的销讲会，其销讲内容、会议主题都有所不同，如感恩答谢会、新品发布会、线上培训会等，不一而足，但其组织流程和注意事项却大同小异，只要找到其中的共性，你就能以不变应万变。

1. 销讲会组织流程

笔者认为，一般而言，销讲会的组织流程都可以分为如下几个步骤，如图3.1.4-1所示。

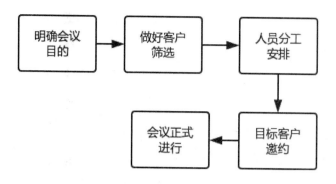

图3.1.4-1 销讲会的组织流程

（1）明确会议目的。

销讲会的组织流程大同小异，但如果你连会议的目的都无法明确，可能最终开了一个"团结的大会、胜利的大会"，却只是图个乐呵。在组织销讲会之前，你就要明确，召开这次会议的主要目的究竟是什么：招募代理？推出产品？还是打响品牌？这样才可以在组织会议时，做到有的放矢。

（2）做好客户筛选。

正如微商的朋友圈数量不是越多越好，销讲会的与会人员，也并非越多越好，而是越精越好。根据会议目的的不同，你要筛选出不同的客户，从而保证销讲会的效用。

比如你准备组织一次高端客户沙龙，定了米其林三星餐厅的大厅，邀请来的却是只顾免费礼品的老太太，你的这次沙龙，必然会大亏本。

再比如你定期组织初级微商培训会，但有的客户竟然被邀请参加了三四次，这就是对会议资源的浪费，你的投入不会收获应有的价值。

（3）人员分工安排。

一次销讲会的组织召开，需要顾虑到许多细节，诸如PPT制作、展板制作、会场布置、客户邀约等。为了保证会议有条不紊地进行，你也要对会议工作人员做好分工，让每个人各司其职，以免会议现场陷入混乱。

（4）目标客户邀约。

做好人员分工安排之后，你就可以开始着手邀约目标客户。此时，最好给相关人员定下绩效考核目标，在一定时间内邀请到一定数量的目标客户，多一个有奖励、少一个要惩罚。如此一来，才能保证销讲会的客户数量，让销讲会的效用最大化。

（5）会议正式进行。

做好所有前期准备之后，你就可以等待销讲会如期召开，并尽力调动会议现场气氛，保证会议的有序进行。

2. 销讲会注意事项

销讲会的组织流程，大体如上所述，但在具体操作中，你还要注意几个细节。

（1）销讲会铺垫。

切忌等到销讲会即将召开时，再发布相关消息。你要从准备销讲会计划时，有策略地、不定期放出一些"预告"消息，调动客户的参与欲望，从而为销讲会做好铺垫，提高客户邀约的成功率。

（2）门票预售机制。

如果这次销讲会内容质量极高，你甚至请了几位重量级嘉宾，那你可以采用门票预售机制，向客户销售销讲会的门票。这一方面可以进一步为销讲会做铺垫，另一方面，你也可以根据门票销售数量做好客户维护准备。但要注意的是，你的门票价格，一定要符合销讲会价值，以免客户参与之后大呼上当。

（3）会议现场维护。

销讲会组织策划得再完美，到会议当天，都可能发生很多意料之外的状况。因此，你一定要做好会议现场的维护，对于各种情况做好预案，并安排具有更强应变能力的人员对现场进行维护。你要明白，销讲会上的每个细节，都是你的"名片"，可能影响到销讲会的效果。

05 销讲的内容及外在形象准备

讲是一门艺术，这门艺术不仅体现在销讲本身，也体现在销讲者身上。招商会、销讲会策划得再好，也可能因为销讲者本身的准备不足，让全部努力毁于一旦。

1. 准备销讲内容

不同的销讲会，销讲内容要因事而异。那么，你要怎么准备具体的销讲内容呢？如图3.1.5-1所示。

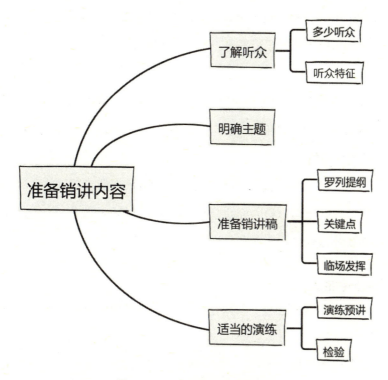

图3.1.5-1　准备销讲内容的关键

（1）了解听众。

如果你不了解听众，你就不可能做出好的销讲。你必须要明确，在你准备的这场销讲会上，究竟有多少听众，他们又有什么特征，才能在准备时做到有的放矢。

151

（2）明确主题。

针对不同主题的销讲会，你做的准备也有所不同。只有在明确主题之后，你才能开始精确地搜集相关的素材。

比如你要做代理招商会，你就要搜集各种市场数据，借助数据和图表，证明产品商机确实存在。

（3）准备销讲稿。

很多人会在销讲之前，写下一篇密密麻麻的销讲稿，并努力将其背下来。但真到了现场，却可能因为某一段记不清，而产生紧张的情绪，反而影响到整个销讲的效果。

你确实要准备销讲稿，但你要明白，这并不意味着你要准备整篇稿子，你只需罗列提纲，并写下关键点即可，提醒自己销讲的大致流程，之后则可以临场发挥。

（4）适当的演练。

为了保证正式销讲的效果，在销讲之前，你要找专业或熟悉的人演练预讲几次。这样一来，一方面可以检验你的提纲、要点是否存在疏漏，另一方面也能避免你在临场发挥时出现怯场的情况。

2. 准备外在形象

销讲者的外在形象很重要，如果你在销讲会上穿得很邋遢，那你还没开始讲，你的销讲就已经失败了。

（1）准备得体服饰。

在销讲会上，你必然需要穿着得体的正装，可以穿戴少量简单大方的饰品。然而，正装也有各种各样的款式，你也要根据销讲的内容作出选择。

比如参加销讲会的听众年龄都较大，你就不要选择新潮的服装，不妨

穿些经典款的正装，让听众有熟悉感和认同感。

（2）控制言行举止。

外在形象不仅体现在服饰上，更体现在言行举止上。言行举止是你精神面貌的体现，如果没有控制好自己的言行举止，就很难让听众对销讲内容产生认同感。在控制言行举止时，你要注意几个要点：积极向上、平易近人、幽默风趣。

（3）展示性别美。

虽然现在讲究男女平等，但你也要明白男女有别，你要充分展示你的性别美。

男士的性别美是一种粗犷的美、内涵的美，男士应当展示出自己的阳刚之气，"奶油小生"虽然在演艺圈可以成为"小鲜肉"，但却不适用于销讲会上。

女士的性别美是一种清秀的美、柔和的美，女士应该表现出温柔甜美的特质，切忌把"野蛮女友"的气质带到销讲会上。对于女士而言，柔和比刚强更具力量。

Part 2

善谋布局：代理培训内容步步为营的六个技巧

01 开场勾起听众兴趣的诀窍

在做培训时，你首先要做到的，就是让听众愿意听你的培训。即使是在课堂上，如果教师讲课水平不行，学生也不会愿意听讲，更遑论是在代理培训中。如果你不能从开场就引起代理的兴趣，他们既不会认真聆听你的长篇大论，更不会被你招纳到旗下。

有一个好的开场，你的代理培训就成功了一半。对于听众而言，无论你的培训内容中有多少干货，最为关键的仍然在于开场五分钟。正是这五分钟的开场白，能够让他们决定是否要聆听你的培训。也只有一个匠心独运的开场白，才能真正吸引住听众，并控制住现场气氛，为接下来的培训做好铺垫。

正如高尔基所说："最难的是开场白，就是你要说的第一句话，就像做音乐一样，整个曲子的音调，都有最开始的基调决定。看似平常却又得花好长时间去寻找。"

1. 解答代理心中的问题

每个代理来到这里，聆听你的培训，心中必然都带着各种问题，希望能够在你这里找到答案。那么，他们到底关心什么问题？

（1）培训内容是什么。

在开场时，你必须要让代理明白你的培训内容主要是什么。通过一段简单的概括，让他们明确培训内容对他们是否有价值，他们是否有需要或感兴趣。

（2）培训人有何资格。

你的培训内容或许会满足他们的需求，但他们为什么要听你讲呢？开场白的一个必要环节就是自我介绍，而自我介绍就是你获取听众认可的时机，如何证明自己的资格呢？

> 主要包括：工作经验，如多年大型企业从业经验或高等学校教育经历；成功经历，如客户因为你的培训获得怎样的成长；第三方认证，比如知名媒体的采访或第三方机构的资格认证。

（3）对听众有何好处。

听众来听你的培训，都是为了获得一些好处，比如知识、经验等。而你的培训也正是为了让他们的需求得到满足。因此，在开场时，你就要让他们知道，你的培训能为他们带来什么、对他们有何好处。

如果你在开场时，就解答好了这三个问题，就能够轻松拉近你与客户的距离，并引起客户的兴趣。

2. 开场白的设计技巧

知道了开场白的主要内容，那么，具体话术又应该如何设计呢？笔者认为，主要有这样三个小技巧。

（1）赞美。

每个人都希望被认可，每个人都喜欢被赞美。因此，在开场时，不要吝啬你的赞美，赞美能够帮助你快速获得听众的好感。但要注意的是，赞美不能泛泛而谈，而要有针对性地赞美，让听众感受到你的诚意。

（2）悬念。

平铺直叙的培训，永远无法勾起听众的兴趣，这样的培训也味同嚼蜡。你必须要学会在培训中设置悬念，不仅是在开场白中，而应该贯穿你的整个培训过程。

> 丽贝卡·威特在一次关于预防青少年自杀的培训中，采用了这样的开

场白："我是一个由七个字母构成的单词。我破坏了友情、亲情、邻里之情、同学之情。我是当今青少年中最大的杀手。我并非酒类，也并非可卡因，我的名字叫自杀。"

（3）自嘲。

幽默风趣的培训，总是更加受人欢迎。在开场白中，你需要明确自己的培训资格，但这也容易拉远你与听众的距离。这时，你不妨采用自嘲的方式，再重新拉近彼此之间的关系。

胡适是民国时期著名的文学家，有一次他来到大学做演讲，学生们都正襟危坐，而胡适的一句话就让气氛热烈起来："今天我不是来向大家作报告的，我是来'胡说'的，因为本人姓胡。"

02　讲好故事的秘密

喜欢听故事，是人类的天性：孩子喜欢听童话故事、女人喜欢听爱情故事、男人喜欢看武侠故事……对于微商而言，讲故事是必备的技能。只有讲好故事，才能卸掉客户对广告的防备，才能让客户爱上品牌；也只有讲好故事，才能让你的培训更有效，让听众能够认真聆听。

在好莱坞经典影片《廊桥遗梦》中，男主角罗伯特是个环游世界的摄影师，他在廊桥遇到了已为人妇的弗朗西斯卡，于是将自己在各地的奇遇和见闻讲述给弗朗西斯卡，在短短的四天内，二人就此陷入爱河，成就一段佳话。

1. 故事内容的选材

代理培训离不开讲故事，但究竟讲什么故事呢？笔者认为，最好的选择就是，你亲身经历或与你相关的故事，如图3.2.2-1所示。

（1）你的成功经历。

在对代理进行培训时，你必须宣扬正面的价值观，以激发他们的学习动力，让他们能够拥有学习的榜样。告诉他们，只要用合适的方法努力，就一定能够成功。

（2）你的失败经验。

微商不可能一路顺风顺水，在微商之路上，我们很容易走入歧途。因此，不妨分享一些你的失败经验，讲述

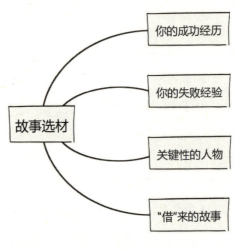

图3.2.2-1　故事选材要有技巧

一些你的错误案例，既能给予警醒，也能获得信任。

（3）关键性的人物。

你可以讲述你生命里的关键人物，他们作为你的良师益友，如何给予你指导和帮助，如何激励你前行，拥有怎样的优秀品质……你可以借此宣扬这种行为和品质，也能够在讲述中，让自己在听众心中建立这样的品质形象。

（4）"借"来的故事。

比如你看过一本书、看到一条新闻、看到一段人生……这些别人的故事给了你怎样的感触，你也可以将之"借"过来，分享给听众。尤其可以选用一些比较知名的故事，对其进行分析，增强听众的参与度和信任度。

2. 讲好故事的方法

选好故事之后，你就要把它们生动地讲述出来，以赢得听众的认可。

（1）采用故事思维

在培训时很容易会采用理性思维，但在讲故事时，却要采用故事思维，在理性中偏向感性，让故事真正发挥作用。

比如微商如何做出业绩？最直接的方案当然是把更多的产品推销给更多的客户，但这种方法却很难实行。你不如跟客户分享更多更好的故事，借此将自己推销给客户，进而让他们接受你的产品。

（2）鼓励听众参与。

在讲故事时，不要只顾着自说自话，而要引导听众参与到故事当中。每个故事的讲述都有背后的目的，可能是某个营销信息，可能是某个理论，你需要在恰当的时候引导听众注意到你的重点。

（3）激发听众感情。

在讲故事时采用故事思维，就是为了激发听众的感情。理性思维能够让你的培训内容极具逻辑，但你却不可能用逻辑控制别人，因为当他们发现这一点时，就会以"不讲理"抗拒你的逻辑。最好的方式就是，通过一个个故事，激发听众的感情，让他们信任你。

（4）不要在乎完美。

再好的故事，都不可能赢得所有听众的心。正所谓"一千个读者，就有一千个哈姆雷特"，有的人认为故事精彩，有的人则觉得俗套，甚至有的人感到虚伪……只要有70%的人能够对你的故事表示满意，就已经是很好的结果。

03 如何抛出利益诱惑

巧妙的开场白、好故事，都是为了勾起听众的兴趣，但想要真正将听众

变成你的代理、客户，就需要抛出利益诱惑。但怎样诱惑听众呢？如图3.2.3-1
所示。

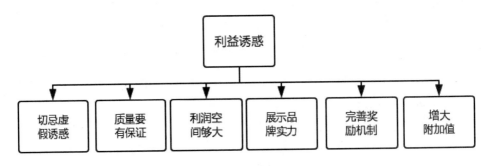

图3.2.3-1　抛出利益诱惑的方法

1. 切忌虚假诱惑

在以利益诱惑听众时，你必须要守住一个底线，你可以适当地夸张，但一定不
要使用虚假的利益诱惑。

过去很多微商惯用的手段就是"金钱诱惑"，每天在朋友圈里发消
息、发截屏："今天又招了五个代理""某某代理打来一万货款""微信
钱包还有几十万零钱"……现在没人用了，因为大家都知道，这些是可以
造假的。

2. 质量要有保证

微商的销售对象大多是自己的亲朋好友，如果其代理的产品质量一般，甚至出
现质量问题，就会产生极大的负面影响。因此，你首先要以优质产品诱惑对方。

笔者认识一个微商，他是江西人，谈了一个产品，厂家在福建。为了
证明产品质量，他直接买了到福建的飞机票，走到工厂内部进行考察，并
全程在朋友圈里"直播"。这样的方式既证明了他的人品，也证明了他的
产品。

3. 利润空间够大

每个代理的代理能力都很有限，在有限的销量下，如果没有足够的毛利，你就很难吸引到代理的加入。因此，你要给予代理更高的利润空间，让能力较低的代理能够赚取不错的收益，而能力较高的代理在组建他们自己的团队时，也拥有足够的利润与团队分享。

4. 展示品牌实力

你的品牌或许知名度不高，远远无法与市场上的成熟品牌相比，但你也要找到不同的角度，来展示出自己的品牌实力。这种展示就在于你的代理服务细节，比如专职客服、当天发货、美工支持等。

5. 完善奖励机制

最诱人的利益当然在于金钱，除了产品本身的利润空间之外，你也要完善奖励机制，当代理完成多少业绩时，就能够获得多少奖励。这实际上是你做出的一种让利，但对于代理而言，却具有极大的诱惑力。

6. 增大附加值

利益诱惑当然不止于金钱，你还展现出更大的附加值，让代理在借助产品销售获取金钱利润的同时，能够获得更大的收益。

比如你卖化妆品，你的化妆品不仅物美价廉，代理可以赚足利润，而且你还提供免费送货上门的服务。除了产品之外，你还附赠一本类似《关于化妆的100条小技巧》这样的书籍。代理实现一定业绩，还可以参加你组织的业界沙龙或微商培训……

04　如何以情感人

代理培训的技巧并不复杂，几乎人人都能学会，但为何有的人做得很成功，有的培训却无人问津呢？除了培训内容的质量之外，关键就在于你能否在培训中融入感情，以情感人。那么，你要如何建立与听众的情感联系呢？

1. 满足客户期望

培训究竟是满足你的需求，还是满足客户的期望？很多人将培训看作吸引代理和客户的手段，但你要明白，培训之所以能够发挥这样的效用，其实是因为你的培训内容能够满足他们的需求。因此，你要对听众的共性进行调查，立足于你的培训内容，从情感上迎合他们的需求。

2. 敢于标新立异

以情感人需要你满足客户期望，但你也需要敢于表现自己。很多人为了迎合而迎合，反而使自己失去了特点，无法脱颖而出。而过于迎合和刻意讨好，也会让你失去听众的信任。在培训中，你也要敢于标新立异，给听众一个新鲜奇特的培训体验。

3. 使用趋同策略

"不是一家人，不进一家门"，你想要与客户建立情感联系，就要善于使用趋同策略，根据听众的经历和生活，讲述相应的案例，或述说自己的经验，从而激发听众的共鸣。趋同策略就是利用相同或类似的体验，找到你与听众的共同语言。

4. 切忌枯燥讲理

在代理培训中，你必然需要讲述各种各样的理论，但如果只是长篇累牍的枯燥理论，则会让听众感到无趣。因此，根据听众的需求，你可以结合讲故事、打比方、做实验等各种手段，提升培训的趣味性。

5. 融入真情实感

以情感人的核心就在于情感上的共鸣。在培训中，你一定要融入真情实感，才能打开听众的心扉。切忌使用"借来的情感"，很多人将融入真情实感看作"演戏"，但听众不是傻子，你的一个动作、一个表情、一个眼神，都可能出卖你，让你失去客户的信任。

6. 善用触景生情

代理培训不是简单地朗读PPT，而是与代理的面对面交流。在培训教室里，你一定要善于布置现场，并借助各种道具，营造适合的培训场景，让场景辅助你的培训，并通过触景生情，建立与客户间的情感联系。

> 2008年汶川大地震时，电视上总是会转播这样的景象："房屋倒塌，道路阻断，受灾民众困在废墟中"。这时，每个观众的心中都会产生同情、悲伤的情感。
>
> 同样是在2008年，在北京奥运会上，每当中国健儿在赛场上勇夺冠军，看着缓缓升起的五星红旗，听着嘹亮奏响的国歌，人们对于祖国的热爱之情也会油然而生。

7. 学会使用留白

在培训中，你需要与听众分享各种干货，但你也要学会使用留白的方式，切忌将各种道理嚼得过烂。适当使用留白，引导听众主动思考，在引而不发中，让听众自己填补上你留下的空白。这样一来，听众可以获得更多的想法，对你也会更加信赖。

 05 如何营造招商信任感

微商的成功关键就在于信任。如果没有与代理、客户建立信任关系，那一切付出都是白费力气。很多微商在招商时，就只会强调自己的产品多好、市场多大，然而，如果没有营造出信任氛围，对方纵使知道产品好、市场大，也不会与你合作。

在讨论如何营造招商信任感之前，你首先要明确招商的目的。其实，招商的目的只有两个关键词，即团队和赚钱：组建团队，让代理和自己赚更多的钱；帮助代理组建更多的团队，让更多的人赚更多的钱……

基于这一目的，针对不同的招商对象，你就要根据他们的痛点，采用不同的方式营造信任感。

1. 没有经验的新人

一个想要从事微商的新人，最大的痛点就是需要一个"师傅"，他们暂时不关心能赚多少钱，更关心自己能否在微商之路上有所发展，而自己的投入也不至于血本无归，希望有一个靠谱的"师傅"指引自己，而非上当受骗。

针对这类人群，你就要付出更大的耐心，尽力营造双方的友好关系，教导他们一些简单的营销、引流方法，并不断地给予鼓励，激励他们前行，从而获得他们的信任。

2. 拥有经验的微商

对于这类人群，你首先要明确，为何他们拥有经验，还要来参加你的培训？答案很简单，他们在从事微商时遇到了困难，而这些困难无外乎引流难、转化难、拓展难等。想要获得这类人群的信任，你首先要采用趋同策略，借助自己的亲身经历引起对方的共鸣。

> 比如："刚开始做这行时我也是这样，辛辛苦苦加了几百个好友，平时聊起来感觉也都不错，但每次发布产品，真正购买的人却很少。后来我知道他们其实是不信任我的产品，所以我总是会发些第三方的资质认证，以赢得他们的信任，现在终于成功了。"

对待有经验的微商，切忌直接自夸产品，而应当借助共同的经历赢得对方的信任。在讲述自身经历时，你可以略作修饰或夸张，但一定不要失去真实性，因为他们拥有微商经验，失真的故事只会让你失信。

招商其实就是扩大自己的团队，因此，对待有经验的微商，你也要进一步区别对方是否拥有团队。

3. 没有团队的微商

如果拥有微商经验，却仍然没有团队，那就说明其关注点仍然在于个人的盈利，他们最大的痛点就是如何赚更多的钱。此时，你就不要在价格上面和他们多做纠缠，而要引导他们认识到团队的重要性。

> 你要告诉他们："真正的微商，都有自己的团队。想要赚钱，只靠自己朋友圈里的几百个好友，肯定赚不了多少。只有组建自己的团队，让代理再组建团队，才能达到月入十万、百万的目标。"

4. 拥有团队的微商

拥有团队的微商，其从业经验也十分丰富，因此，想要营造信任感，你就需要直接上干货，根据对方的痛点，给予相应的解决方案。

而此类人群的痛点一般在于两点：其一是团队管理，包括内部管理和外部扩张；其二是团队产品，希望找到质量和利润更优的产品。你一定要挖掘他们的需求：他们担心什么，你就解决什么；他们需要什么，你就给他什么……

06 如何快速成交

对微商来说，销售失败归根结底都是因为他过于想成交，导致心态不平稳。尤其是新手微商，都试图在短时间内完成对消费者的教育，这是不现实的。凡事需要循序渐进，欲速则不达！

1. 快速成交话术设计

笔者觉得，要想快速成交，你需要从这几个方面做起。

（1）先了解用户喜欢什么。

做微商，你必须要学会从你的用户画像或者朋友圈发的内容里去判断他们喜欢什么。重要的是要与你的用户多聊天，然后在聊的时候介绍你是做什么的，或者你的产品，不要一开始就推荐产品，让用户反感。

（2）这个产品很好用。

你要明白，为了表达这个产品好用，你需要客户的体验，另外还要去赞美你的用户有眼光。最常用的话是：亲，你可以买个先试试。但此时一定要找一个理由让用户去尝试。切记：给用户推荐真正适合他的产品，成交概率才大！

（3）专业知识。

比如有朋友现在卖减肥产品跟护肤产品，那这两者并不冲突，减肥产品既可以帮助瘦身又能使人改善皮肤，你要学会养生与保健类的知识，你要学会指导用户如何保养身体、如何排毒，只有这样，在你专业的知识背书与推荐下，客户才可能购买。

（4）赞美用户

你与用户沟通并成交时，先要肯定用户，然后给用户一个选择。

例如："你过去用的护肤品非常不错，不过对于白富美的你来说，我想用了××商城的护肤品后会更漂亮，还能让自己收入倍增。亲，要不要体验下？"这样一来，客户不仅易于接受你的建议，她还有可能会很高兴地去做体验，大大增加了成交机会。

2. 快速成交的五个要素

除了话术上的引导外，我们从哪些方面做，才能真正保证高成交率，让我们的每一位客户都能快速成交？

（1）微商身份定位。

我们每个人都有自己的身份，也可理解为个人标签、个人品牌、个人符号等，当别人看到这些或者想到这些就能想到你、记得你。

比如你擅长家用电器的销售，你就要把自己的身份打造成为家用电器方面的达人。

贪多求全的微商们会急功近利，想快速赚钱，往往忽略了专业的才是持久的、才是值得人信赖的。

（2）成交前的准备。

在定位好自己的身份后，要对产品进行充分的了解，一般需要参考几个点，如图3.2.6-1所示。

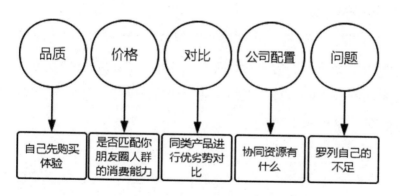

图3.2.6-1 成交前的准备

①品质（自己先购买体验）。

②价格（是否匹配你朋友圈人群的消费能力）。

③对比（同类产品进行优劣势对比）。

④公司配置（协同资源有什么）。

⑤问题（罗列自己的不足）。

做好以上事情后，再研究你目前朋友圈的目标客户，看看他们到底匹配哪些产品。做好相应的分析之后，再做文案，这样成交率才能提高。

（3）成交中服务。

在跟目标客户交流时不要太直接，一上来就讲产品如何如何好，这是典型的"王婆卖瓜"，很难让人有共鸣。

沟通过程中要探询需求，你可以问：

> 买商品是自己用，还是送人？
>
> 送什么样的人？（了解赠送对象的年龄、性别、职业等）
>
> 需求了解后再进行产品推荐，与客户沟通产品给对方带来的好处（这时需要明确你推荐的产品能给对方带来什么好处）。

（4）成交后跟踪。

在销售行业，有一句话很受用"销售不跟踪，最终一场空"。成交后，其实销售才刚刚开始，因为这时候你要进行回访，也就是客户跟踪。这样做主要有两个目的：一是收集客户体验信息，二是加深他对你产品的印象。微商的销售更多是靠口碑，老客户是口碑传播的重中之重。

（5）要求转介绍。

转介绍某种程度上来讲是水到渠成的事情，而且客户好友一般都是跟客户消费能力比较接近，就是所谓的同一个"圈子"。朋友圈惯用的晒图分享，其实也是为了达到这个目的。

Part **3**

恰当表达：销讲时的口才及表情动作修炼技巧

01 销讲时的仪容仪表

"佛靠金装，人靠衣装"，在销讲会上，别人第一眼看到的正是你的仪容仪表，稍有不当，那你在演讲还未开始时，就已经宣告失败。对于大多数销讲活动来说，或许你的仪容仪表干净、大方、整洁即可，但如果可以的话，你最好能够按照演讲礼仪，严格规范自己的仪容仪表。

1. 切忌穿着随性

在社交时代，很多微商觉得自己应该和对方做朋友，所以认为打扮可以随性一些，显得不拘谨。事实上，你确实可以看到很多科技大佬就是这样做的。

在科技界，很多大佬的穿着其实十分随性，比如乔布斯常年穿着黑色上衣和牛仔裤，而马云则喜欢穿各色毛衣，扎克伯格则穿着随性的连帽衫。但这并不代表你也可以这么做，否则很可能闹出东施效颦的笑话。

你要明白，这些大佬之所以可以穿着随性，是因为他们的产品已经大获成功，别人关注更多的是他们的企业和产品，而非着装，对他们而言，即使被批评也并不在意。

但作为微商，你却不能忽视外在的评价。任何一个负面评价，都可能对你的品牌造成致命的打击。而准备一套销讲时的得体服饰，也并非难事，因此，千万不要让自己随性而为。

2. 销讲服饰选择得体

在销讲时，你最好穿着正装。一般而言，正装分为三种，即西装、中山装和女性的套裙。而在穿着正装时，你也要遵循以下原则，如图3.3.1-1所示。

（1）三色原则。

无论如何搭配着装，你身上的色系切忌超过三种，如果颜色太多，看起来花里胡哨，就会给人轻佻的感觉。

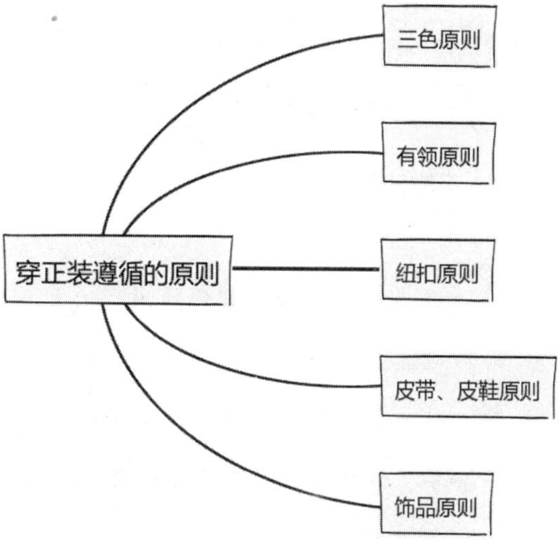

（2）有领原则。

正装必须是有领的。如今有很多服饰做成无领式的衬衫或有领式的T恤，这些都并非严格意义上的正装。对于男士来说，正装中的"领"就是指有领衬衫。

图3.3.1-1　穿正装要遵循的原则

（3）纽扣原则。

正装必然是纽扣式的服装，无论是拉链式的，还是系带式，或其他形式的服装，都不能称为正装。

（4）皮带、皮鞋原则。

你要记住，穿着长裤时，必须搭配皮带。而无论着装如何，正装都要搭配皮鞋，运动鞋、布鞋都不适宜正式场合。对于女士而言，切忌穿凉鞋或露脚趾的鞋，如果穿高跟鞋，鞋跟高度在3~4厘米最为适合。

（5）饰品原则。

对于男士而言，除了婚戒、手表外，不要戴任何饰品；对于女士而言，饰品以简单大方为主，数量不宜超过三件。另外，女士在销讲时，化淡妆即可，切忌浓妆艳抹。

02　销讲时的手势运用窍门

在销讲会上，并非简单地朗读PPT，这很难让听众投入其中。你想要将培训内容传达到听众的脑海中、心坎里，就需要用手势动作来帮忙，用手的情感带动"口"的情感，用手的姿势描绘心的画面，让手势助力你的销讲。

1. 手势动作激发情感

> 很多微商销讲时都会使用"力量""激情"两个词汇。你先试着不带动作地说出"力量""激情"两词；再试着加上手势动作来表达：说"力量"时，双手呈握拳状，稍微抬起双臂，再用力下沉；说"激情"时，单手握拳，举起手臂，再向上伸展越过头顶。你会发现加上手势之后，感情更加饱满。

简单的一组词汇，为何加上相应的手势动作之后，就能产生截然不同的效果呢？

（1）增加大脑血流量。

著名的手移植专家顾玉东曾在一篇研究报告中讲到："手部在做一些简单的动作时，大脑血流量会增加10%；如果动作更复杂、更有力度，大脑的血流量则会增加35%。"而随着大脑血流量的增加，则能够使得大脑更加兴奋，能够更加明显地表达出自己的情绪。

（2）人体节奏一致性。

人的身体是一个整体，你想要让销讲进入特定的节奏，就需要让身体的各部分配合起来，保持人体节奏的一致性。当你在做培训时，做出相应的手势，就能够带动人体的其他部分，诸如气息、血液、肌肉、声音等，让人体处于同一节奏，使得动作和声音形成共鸣。

2. 手势动作描绘形象

在销讲时，如果只靠口说，听众可能很难在脑海里形成一个具体的形象，但你却可以用手势动作进行描绘，让声音变得生动具体。

同样举例来说："绿豆那么小，西瓜这么大。"首先不做任何手势读出来，感觉上平平无奇。之后再加上手势：读前半句时，将拇指与食指靠拢，只留下一点缝隙，举到眼睛上方对着它看，就好像很小的东西要对着阳光才能看得见；读后半句时，则双手张开，呈虚抱姿势放在肚子前方，就好像很沉的东西要抱在怀里才能拿得动。

你要知道，在人类尚未创造出语言时，人类就使用手势语言相互沟通。而在销讲会上，如果只是用口语表达，只会显得单调乏味，加上一些手势动作，则能够描绘出更加具体的形象，让听众更容易理解，也让你的销讲更加生动。

3. 举止得体产生魅力

在销讲中，手势动作不仅要配合你的语言，你的言行举止也要符合你的身份，这样才能让你具有独特的魅力。如果你自称专业，却在台上佝偻着身体，肯定无法塑造出专业的形象。笔者认为，举止得体除了手势动作之外，还包括你的坐姿、站姿和走姿，如图3.3.2-1所示。

（1）坐姿。

在就坐时，你要注意轻手轻脚，最好不要把桌椅弄出声响。而在落座之后，你则要挺直背部，保持头部端正，切忌弯腰驼背、左顾右盼。另外，也不要把椅子坐满，两腿也不要随意伸展，更不能跷二郎腿。

（2）站姿。

你在销讲会上大多会采取站姿，而站姿也反映着你的精神面貌。正确的站立姿势应该是：头部保持端正，双眼目视前方，保持微笑，下颌稍稍收紧，肩膀保持水平，立腰、挺胸、收腹，双臂自然下垂，双腿并起，脚尖成V字形。

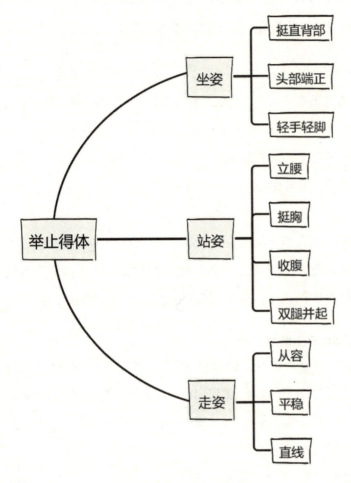

图3.3.2-1　举止得体的要素

（3）走姿。

整场销讲下来，你当然不会一直站着或坐着，适当的走动是必要的，而走姿也更能展现你的活力和魅力。在练习走姿时，你一定要把握三个要点，即从容、平稳、直线，甚至走出自己的节奏感。

03 销讲时的表情如何设计

与手势动作一样，表情也能够让你的销讲更具魅力，毕竟你不是机器人，在销讲时，你一定要合理设计自己的表情。事实上，如果表情恰当，甚至比语言、手势更能使人沉浸其中。正如罗曼·罗兰所说："面部表情是多少世纪培育成功的语言，比嘴里讲的更复杂到千倍的语言。"

有人曾问古希腊最伟大的演说家德摩斯梯尼："对于一个演讲家，最重要的才能是什么？"德摩斯梯尼回答："表情。"又问："其次呢？""表情。""再其次呢？""还是表情。" 由此可见表情在演讲中的重要作用。

面部表情由面部肌肉、眼神、眉毛和嘴唇组成，不同的组成方式，能够表达不同的情绪，诸如喜、怒、哀、乐、焦虑、期待等。那么，销讲时的表情，应该如何设计呢？

1. 常用微笑

在销讲中，最常用的表情就是微笑，一个简单的微笑，也可以表现出喜悦、亲切、满意、赞扬等各种情绪。事实上，当你学会微笑时，你会变得极具亲和力，而你的销讲也会极具感染力。真正的口才，其实是情绪的沟通，你需要用你的情绪感染别人，而微笑是最好的方式。

很多微商知道微笑的重要性，但我们经常能看到有些人在台上时，努力保持微笑，但却是皮笑肉不笑，不仅无法表现亲和力，甚至会显得尴尬、僵硬、扭曲。

微笑的表情其实很简单，嘴角微微上翘即可，但如何让自己的微笑更具亲和力呢？你可以系统性地修炼自己。

（1）放松肌肉。

微笑训练的第一步就是放松嘴唇周围的肌肉，这样当你嘴角上翘时，才不会显得僵硬。你可以采用"哆来咪练习法"：从低音部开始到高音部，逐个音节地发音，注意保持正确的嘴形。

（2）增加弹性。

展现微笑最重要的部位就是嘴角，如果你能有效控制嘴角，你的整体表情也会富有弹性。具体练习方法就是：坐在镜子前，伸直背部，首先将嘴张到最大，保持10秒；然后闭上嘴巴，保持10秒；再慢慢将嘴唇聚拢到一起，保持10秒；最后保持微笑30秒；每天反复练习三次即可。

（3）形成微笑。

微笑简单来说就是嘴角上翘，但对于每个人来说，也有着细微的差别。在练习微笑时，你可以尝试改变嘴角上翘程度，找到最适合你的微笑。要注意的是，无论上翘程度如何，你都要尽量让嘴角两侧一起上翘，如果嘴角歪斜，表情就不会好看。

2. 使用眼神

"眼睛是心灵的窗户"，面部表情的关键除了微笑之外，就是眼神。在表达不同的情绪时，你要学会使用不同的眼神。

（1）仰视：表示崇敬或傲慢的情绪。

（2）俯视：表示关心或忧伤的情绪。

（3）正视：一般情况下，你要采用正视的眼神，表现你的庄重和诚恳。

（4）斜视：表现轻蔑、不屑，一般使用在讲故事时，以表现故事情节，或表达你对故事的情绪，切忌对听众使用。

（5）环视：表示交流或号召，在开场或离场时，你要环视全场。

（6）凝视：表示专注或深情的情绪。

（7）点视：这种眼神更具针对性和示意性，一般在提问或答疑时使用。

（8）虚视：如果你在台上比较紧张，则可以采用虚视，借助模糊焦点消除紧张心理。

（9）眉毛：在使用眼神时，也需要搭配眉毛使用。

眉毛的变化比较简单，一般分为两种：

其一，眉毛上扬，表示喜悦、亲切、肯定、满意、赞扬；

其二，眉毛微蹙，表疑问、忧虑、悲伤。

04　销讲时的语速控制

在销讲会上，你大部分时间在做的都是演讲，因此，你要学会利用你的声音表达你的情绪。有的人即使只用声音，也能凭借轻重缓急的不同，吸引对方的注意，甚至掌控对方的思维。想要做到这一点，你就要学会控制自己的语速和语调。

比如有的人打扮得十分得体，但他的销讲从头到尾都只有一个语速、一个语调，完全没有任何起伏，让人听得昏昏欲睡；而有的人只通过电话，也能让对方感受到自己的情绪，用语速和语调感染对方。

1. 修炼讲话语速

笔者认为，修炼语速时主要可以从以下三点着手。

（1）符合你的形象定位。

每个微商的形象定位都有所不同，有的人的定位是专业人士，有的人的定位则是邻家大姐……根据你的形象定位，你要找到自己的讲话节奏。

比如你希望营造一个精明干练的形象，那你就要保证自己的讲话也尽量简短精炼，以较为明快的语速讲话。

（2）符合你的讲话内容。

不同的语速能够表达不同的情绪。因此，不同的讲话内容，需要配合不同的语速。

比如你明明是在夸奖对方，但语速却很快，就会显得敷衍；而当你讲述一件急迫的事情时，过慢的语速也不适合。

（3）切忌语速过度。

不同的形象定位、讲话内容，需要采用不同的语速，但也要注意不要过度。如果语速过快，对方很难听清楚你说的内容；如果语速过慢，则会给人慵懒拖沓的感觉。

2. 修炼讲话语调

在控制你的语速时，你可以使用声音的轻重高低作为辅助。具体到不同的情景，你也要适当调整。

（1）控制音量。

当你与三五好友闲聊时，你最好保持轻声细语，维持闲适的气氛。而在销讲会上，你首先要确保你的声音足够大，用清脆洪亮的声音，将你的声音清晰地传达给每个听众。

音量过低，会让人听不清楚，进而怀疑你的专业性或态度；音量过高，则会让你听起来像是一头咆哮的狮子，极具攻击性。

（2）轻重结合。

正如讲话语速需要缓急搭配一样，你的讲话语调也要轻重结合，不要始终保持一个语调。当你讲到需要强调的内容时，就要加强音调，以起到强调作用，让听众能够辨别主次，并让你的讲话具有层次感。

你可以试着说："非常荣幸能够被贵公司邀请成为今天的首位演讲者！"相比于平铺直叙，你可以将这句话分为两部分，即"非常荣幸能够被贵公司邀请"和"成为今天的首位演讲者"。讲前半部分时加重音调，表示对"贵公司"的尊重和自己的荣幸，稍作停顿之后，以较低的音调讲出后半句，表示自己的谦虚。

3. 修炼讲话节奏

一次销讲，就好像一次演奏，如果你的曲子始终是一个节奏，当然会让人昏昏欲睡。曲子有节奏，走路有节奏，生活有节奏，讲话当然也有节奏。如何修炼讲话节奏呢？

（1）尽快讲到主题。

正如一首歌曲最好听的部分通常是副歌一样，销讲的节奏重点也在于销讲主题。因此，在销讲时，除必要的开场白之外，你最好尽快讲到主题，而不是绕来绕去，让听众一头雾水。

如果可以用简明的语言说清楚，就不要使用太多的修饰词，这只会分散听众的注意力，忽视你的讲话重点。

（2）明确一个主题。

一次销讲会上，最好只设置一个中心主题。你要明白，一次销讲能够讲清一个主题已经很难，如果存在多个主题，等于你的销讲没有主题。你需要将销讲集中在主题之上，让听众能够准确地抓住重点。

Part 4

说服策略：如何
让代理无法拒绝

01 不懂说服力，一辈子干苦力

微商想要获得成功，就需要招募代理，组建自己的团队，并让团队不断裂变，从而让你能够站在微商金字塔的顶端。但如果你不懂得运用说服力，无法说服代理参与进来，你就只能站在别人的金字塔底端，做一辈子的"苦力"。

那么，如何修炼你的说服力，让代理无法拒绝呢？

1. 三段说服术

笔者认为，三段说服术是最经典的说服策略，它几乎可以通过变通用于一切营销活动当中，如图3.4.1-1所示。

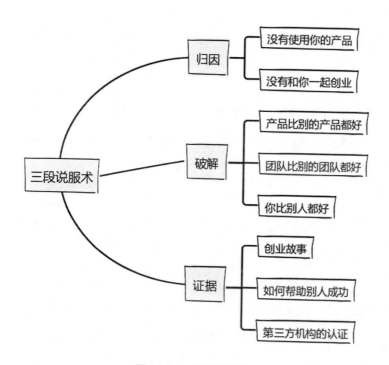

图3.4.1-1 三段说服术

（1）归因。

每个代理都有痛点，在与其沟通的过程中，你要帮助他找到其中的原因。而在对原因的分析中，引导他相信：之所以有痛点，就是因为没有遇到你，没有与你合作。

比如很多人觉得给人打工又累又挣不到钱，那你就要告诉他们："为什么你们这么辛苦？因为你们是给别人打工。为什么不自己创业呢？因为没有成本。那就代理我的产品好了，投入低、利润大，还自由。"

在做归因时，你一定要围绕两个关键点去做：其一就是没有使用你的产品，你的产品可以满足他们对产品功能的需求；其二就是没有和你一起创业，你可以满足他们对"创业指导"的需求。

（2）破解。

在归因时，你可能无法一次归因到自身，此时，你就可以借助破解来锁定根本原因。

比如你让代理明白，想要摆脱打工生活，就要做微商。但他们可能会想："微商那么多，为什么一定要跟你合作呢？"你就要告诉他们："因为我是最好的。"

简单来说，破解就是让代理相信：你的产品比别的产品都好，你的团队比别的团队都好，你比别人都好。

（3）证据。

想要说服代理，光靠嘴上说肯定效果不大，你还要展现出证据，证明归因、破解的正确性。证据其实很简单，即你的创业故事，你如何帮助别人成功，以及第三方机构的认证等。

比如要证明微商创业可以实现财富自由，你就展示你自己的成功案例；

比如要证明你的产品是同类产品中最好的，你就展示行业颁发的奖项，或专业机构的认证证明。

2. 亲身体验

"光说不练假把式"，想要进一步说服代理，你可以直接让他们亲身体验。你要明白，微商代理并非传统的经销商，如果代理自己都不用代理的产品，他们也不可能卖得出去产品。

（1）客户转代理。

在说服代理与你合作之前，你要先说服他成为你的客户，让他们亲身体验你的产品。如果他们觉得好，就可以成为你的代理，将产品分享到朋友圈里。只有当代理自己因你而受益，才能真正地说服他们。

比如你做面膜产品，先推荐对方亲身使用，当她看到自己的皮肤一天天变好，自然会主动做你的代理。

（2）找草根做代言。

传统企业为了增强自身产品说服力，都会邀请明星代言。而作为微商，你无须邀请什么明星，最佳的代言人就是你的客户。

无论是对客户，还是对代理，你都要鼓励他们发布他们的使用体验，让他们成为你的代言人。一方面，让他们主动帮你说服朋友圈的好友；另一方面，你也可以将他们的使用体验作为说服"证据"。

02 "天堂地狱"说服术

某些理论、理念能够吸引大量的追随者，其关键就在于强烈的对比。你在说服代理时，也可以有所借鉴，采用"天堂地狱"说服术。

1. 以退为进

使用"天堂地狱"说服术时，你要学会以退为进的技巧。

（1）先描绘"地狱"。

在说服代理时，不要急着告诉他商机无限，先告诉他，如果不改变现状、不抓住机遇，结果会如何。

> 比如"你辛苦上班拿死工资，现在一个月工资三千元，按部就班再过五年，工资能不能翻一番呢？很难。但你还有房贷要还，有老婆、孩子要养，你一个月工资六千元够不够？你自己能节衣缩食，你也希望你的老婆孩子也过这样的生活吗？"

不要急着向对方描绘"天堂"，因为他会怀疑。你要先告诉他"地狱"是怎样的，这样他才会受到激励。

（2）再描绘"天堂"。

当你成功向对方描绘出"地狱"的"惨状"之后，就无须再过多描绘"天堂"，因为没有人希望待在"地狱"。当你抓住对方"逃离地狱"的心理，就更容易说服对方。

> 有些微商说服代理时，首先就说："一份工作，做好了可以月入10万、108天买奔驰、6个月买房，而投入只要几千元，坐在家里就能创业，这样的工作您想干吗？"对方大概都会觉得他是骗子。

先描绘"地狱"，当对方表示畏惧时，你再描绘"天堂"。此时，你还可以告诉对方，想要到达"天堂"并非易事，即使有你的指导，也需要不断努力。

2. 强调对比

"天堂地狱"说服术成功的关键，就在于"天堂"和"地狱"的对比。当你熟练使用"天堂地狱"说服术时，也就能够更灵活地使用对比。

> 很多代理会抱怨：为什么做微商要开这么多会？
>
> 你就要告诉他们："成功人的'两会'：开会、培训会。普通人的'两会'：约会、聚会。穷人的'两会'：这也不会，那也不会。奋斗的人'两会'：必须会，一定得会！那么，你想要成功人，还是普通人或穷人呢？"

（1）产品先劣再优。

在介绍产品时，你可以先描绘出产品的商机，之后，告诉代理如果产品劣质会有多么严重的后果，此时，再说明你的产品优质，就能够产生更诱人的效果。

> "同样是面膜，劣质的面膜不仅不能让皮肤变好，甚至会导致人毁容，因此，你一定要代理优质的面膜。我们家的面膜，经过权威机构检测，质量有保证。"

（2）价格先大后小。

当你与代理谈产品合作时，可能会遇到代理"压价"的情况。此时，你不妨采用价格先大后小的方式，让代理更容易接受你的产品价格。

比如同一系列产品分为高低档两款，你先介绍499元的高档产品，代理觉得贵时，你可以再介绍199元的低档产品。如果代理还觉得贵，你就可以做出一点让步：低档产品是成本价，无法让价，但高档产品可以让价50元。

（3）赠品先无后有。

微商都会为产品准备一些赠品，但在与代理谈合作时，你也要尽量把"底牌"藏住。在代理与你洽谈合作的过程中，不断打出手里的"底牌"，从而让对方产生"占了大便宜"的感觉。

03　高层说服术

最容易让人信服的就是权威。而说服力的一个集中体现就在于权威性。当你被看作权威时，你说的话自然更加容易得到认可。在微商世界，想要成功赢得对方的认可，并非产品优质即可，你本身也要足够"优质"。也只有如此，你才能使用高层说服术。

1. 境界更高

"当我收入只有几十元时，你偷笑我不务正业；当我收入是几百时，你依然在偷笑；当我收入是几千时，你就开始思考了，去了解资料了；当我收入几万时，你就开始着急了。有许多人用自己的时间去见证了别人的成果，见证别人的成功，但是却忽略了自己的思考。"

想要说服代理，你就要具有比别人更高的境界。境界是什么？别人还在计较柴米油盐时，你已经在挖掘商机；当别人还在锱铢必较时，你已经开始团队裂变；当别人着手团队裂变时，你正在洽谈天使轮融资。如何体现你的境界呢？

（1）所处的层次。

你的境界需要你的层次作为支撑。在展示你的境界之前，你要先证明自己所处的层次高度。如果你月收入不过三千，却在谈论年薪百万的事情，那不叫境界，而叫吹牛皮，你当然不会具有任何说服力。

（2）目标的层次。

你的境界由你的目标决定。站在马云、王健林的层次，他们的目标早已不是赚多少钱，而是发展多大的事业、创造多大的价值。对于你来说同样如此，代理想要创造利润，而你应当努力创造价值。

2. 专业更强

传统的经销商不会太过注重自身的专业性，只要产品质量过硬、品牌宣传够强，他们就不怕产品卖不出去。但微商不同，微商需要直接面对客户和代理，如果你的专业性不够强，就无法在同行中脱颖而出。

比如你卖洗发露，但市场上很多人都会使用一套洗发用品，对购买新的单品洗发露就会有疑虑。此时，你可以告诉他们："确实，成套的洗发用品，在洗护效果上搭配得更好。但如果长期使用一款洗发用品，你的头发也会产生耐受性，使得原有的洗发用品失去作用。因此，你需要尝试新的洗发用品。"

（1）对市场有研究。

代理会与你合作，正是因为看中你产品的商机。而如何证明产品的商机呢？这就需要你对市场有研究，如果你对市场行情一问三不知，代理自然会怀疑你说的商机是否真的存在。

（2）对同行有研究。

现在已经很难找到蓝海市场，几乎每个行业都有大量的竞争产品。你想将代理收归麾下，就要对同行有研究。

比如你做减肥产品，代理问你的产品与某某减肥药有什么区别，你却完全不知情，反而问他某某减肥药是什么，你的专业形象就会瞬间崩塌。

（3）对产品有研究。

你的专业性最终都需要用产品说话，代理最大的疑问都是关于你的产品。因此，你一定要对自己的产品有足够的研究，而不只是简单地说"好"。这种研究除了表现在对产品性能的了解之外，你还要对自己的产品拥有足够的体验。

第四篇

微商文案写作心法

——如何让一句话值一百万

- 好的文案让你事半功倍
- 招商营销文案写作的十个捷径
- 产品价值塑造的十个大招
- 产品品牌构建的原则与方法

Part 1

好的文案让你事半功倍

- 什么样的文案是好文案
- 文案的价值有多大
- 不同类型的文案如何写
- 案例：一篇文案促成 500 万成交

01　什么样的文案是好文案

微商文案，可以看做是隐形的广告，其本质是为产品营销和品牌推广所服务的。但微商文案又不同于"硬性广告"，属于"软性"广告。

微商文案之所以是广告，因其采用文字模式，经由多渠道传播，对特定产品的概念诉求和问题加以分析，有针对性地对受众进行心理引导，让用户认同企业的某种概念、观点、分析思路，最终实现宣传推广的目的。

因此，好的文案不能等同于一般广告，主要体现在所谓的"软"上。"软"，是指文案在形式上不突出明显的营销意图，而是隐蔽曲折地表达。和传统的硬性广告相比，文案主要载体是文章、对话等文字，其中内容绝大多数是原创性质的，在原创过程中，将广告植入到内容里。

优秀的微商文案能够达到这样的效果：用户能够被不知不觉地带入营销的氛围中，即使把营销意图去掉，这种文案依然是一篇优秀的文章，无论是直接阅读体验还是文字技巧性都很强。因此，好的文案既不会像网络标题党那样让人避而远之，也不会像传统广告那样无趣而令人麻木。文案能够做到让读者喜欢商家的营销宣传，而且从中发现蕴藏其中的内涵。

虽然微商的文案也有直接营销种类，但在通常情况下，微商文案不能直接等同于广告，相反，可以用新闻、第三方评论、采访、口碑、故事、段子等诸多形式做伪装。在这些形式下，微商文案通过特定的概念诉求，更多地以摆事实、讲道理的方式，自然而然地突破受众的心理防线，从而走进商家事先设定的"思维圈"。

02　文案的价值有多大

想要创作出好的文案，应该首先清楚文案的价值点所在，无论什么样的文案，其重点要在于展示产品或服务的卖点。

卖点，也被称为兴奋点，是指商家站在自身的角度，为消费者所选择的购买理由。微商文案应该能够说清产品卖点，并因此而让消费者兴奋。

一篇标题为"我的健身奇遇"的文案，成功利用卖点展示，体现了文案的价值。

文案讲述了某位用户寻找健身会所遇到的故事：消费者外出旅游，第一站来厦门，本来想住在酒店中就不出门了。但下车之后，消费者无意中发现酒店旁有个健身会所。令人意外的是，他出于好奇扫码之后发现，持有该酒店的房卡去到健身会所锻炼，即便只消费一次，也能够打折享受会员待遇，而健身会所里的设施和环境，比酒店的健身房要好得多。对这位酷爱健身的用户来说，这次经历可以说是意外之喜。在文案的最后，他建议所有到厦门旅游的人，都可以关注这个微信公众号。

无论在何种营销领域，与其说明产品如何，不如形容产品带来了什么。微商文案尤其如此，其真正价值不是展示产品，而是以更高明的手段说清产品卖点，包括产品的特性、优势和价值。通过文字阅读产生的联想作用，能够让消费者在感官视觉上受到冲击，在心理感受上形成体验冲动。

微商文案中常展示的价值包括以下几个，如图4.1.2-1所示。

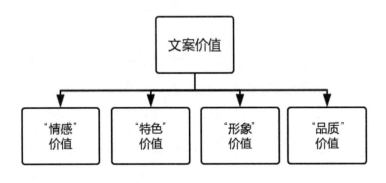

图4.1.2-1　文案需要体现的价值

1."情感"价值

例如，某护肤水微商在文案中突出"爱如水纯净，情如水透明"的内容，卖点主打情感价值，轻松打开读者的心扉。

2."特色"价值

每篇文案都有必要为消费者提出消费建议，展示产品的效用价值。文案中展示出的效用最好是唯一的。在展示价值时，文案不但能够突出用户购买的行为特性，也能够包含产品的核心内涵，并让人了解产品的直接作用。

3."形象"价值

文案还可以直接宣传企业、领导者、品牌形象。如某微商利用文案宣传"餐具会陪宝宝健康成长"，突出了绿色餐具形象；而某香水微商则利用创始人"特立独行的生活稍纵即逝"的传奇形象，写出了一篇篇成功的文案。

4."品质"价值

文案同时能够宣扬专业化价值。文案能够引入专家论证、实验证明、品牌创建历史、售后服务等特点内容，体现出产品、品牌的专业化和权威性。尤其值得称道的是，文案本身不需要直接描述产品，而是能够通过邀请专家、教授、博士、学者等现身说法，引用权威性的言论、实验数据等传递专业价值。

卖点是消费者对产品最关注的部分。提炼产品的卖点，在文案中突出宣传，是文案最大的价值所在。

03 不同类型的文案如何写

文案想要产生充分吸引力，离不开正确的写作方法。在打造成熟的内容之前，微商应该先掌握不同的文案类型。

1. 新闻类型文案

新闻文案是微商文案中能和用户生活联系最紧密的内容，无论是产品新功能，还是市场新变化，只要进行适当包装和改变，都能融入到新闻中去，并以新闻文案类型进行传播，达成营销目的。除此之外，纯粹的传统新闻文案，也可以作为辅助性的服务内容提供给用户参考，尤其是那些带有自媒体服务性质的微商公众号，更需要这样的文案设计。

新闻类型文案侧重于及时发现和转载，写作者每天应该关注主流门户网站最新消息，并从中筛选出和用户人群有紧密联系的内容进行修改、发送。

2. 娱乐类型文案

现代人每天沉浸在信息发达的社会现实中，好奇心更容易产生，尤其是消费者更喜欢跟随周边趋势去追求娱乐上的共同体验。如果能在微商文案中融入娱乐内容，不仅能够让用户省去相当时间、精力和金钱，还能够将生活和娱乐渠道合二为一。因此，娱乐类型文案也受到微商用户和粉丝的好评。

写作这一类型的文案，应该准确把握用户心理，通过对时尚新闻的发掘来展现用户不熟悉的知识，以富有吸引力、煽动力的信息（必须合法），最终让用户对产品感兴趣，并在使用后肯定产品的价值。

3. 活动类型文案

相比寻找网站、杂志和电视等公众媒体来刊登广告，微商在宣传文案的推送上，拥有明显的自主权。微商完全可以将自身营销活动的内容进行编写，发送给每个粉丝和用户，重点宣传商家的优惠活动、打折促销等内容，吸引用户来给予更多关注和支持。

4. 美文类型文案

采取美文形式来进行营销，在传统媒体中限于篇幅、题材和创意等条件限制，过往并不多见，但随着移动互联网的普及，近年来开始流行在微商文案领域。营销者应该了解的是，靠纯商业广告和打折促销等手段，已经越来越难以吸引客户，与此相反，一则看上去文字优美、思想隽永、内容清新的文章，无疑会让粉丝感觉耳目一新，体会到蕴藏在产品与服务中的情怀，特别容易被大范围传播。

5.幽默类型文案

在编辑文案内容时，微商还可以考虑将互联网上活跃的各种笑话段子引入营销文案中。实践证明，这也是个相当不错的选择。除了引入之外，微商还可以结合向用户提供产品和服务中的趣事，改编成一些搞笑段子，巧妙融合企业的文化氛围，让用户在会心一笑中对企业或产品留下印象。

04 案例：一篇文案促成500万成交

淘宝上某篇销售黄金饰品的文案。标题是"小小投资金条战胜318种股票"，内文是："假如你在去年年初购置了一块投资金条，到了年底又卖掉它，你的这笔投资将有所收益。但如果你在任何318种股票上进行同样的买卖，你就只会面临着亏损。而且，你还会失去拥有黄金的乐趣。"

这样的文案，读者首先会被标题所吸引，认真考虑自己究竟应该用存款去面对风险比较大的股票，还是获得就在眼前的投资金条。通过阅读文案，他们得到的答案是：应该购买产品。后来的事实证明，这篇文案在短期内打造了上百万的成交金额。

想要打造能够推进成交的文案，商家需要牢记文案的作用在于成交，而推动成交的力量在于细节。想要达成成交，文案必须要利用细节，解除客户心理上的抗拒点。商家应该明白，在阅读文案之前，客户会先在思维中不断产生和形成大量的抗拒点，比如：

我为什么要相信你？

我凭什么要买你的而不买别人的？

为什么我应该现在就购买？

买产品能够给我带来什么样的改变？不买我会失去什么？

诸如此类的问题，都是客户的抗拒点，能够战胜客户越多的抗拒点，成交转化率就会就越高。因此，想要打造高成交的文案，就必须先想到所有有可能出现的抗拒点，然后站在对方的角度，去说服"自己"信任和购买产品。将整个说服自己的过程转变为文字，就形成了一篇有利促成成交量的优秀微商文案了。

需要牢记的是，那些能够打造高成交的微商文案，虽然通常都解决了抗拒点，但表面上却并不明显。例如，很少有成功的文案是通过直接的一问一答形式完成的，问答式的文案，大都是对优质文案内容的有效补充，而并非主体。再比如，微商文案解决问题的方式也往往不是直接而是迂回的。

例如，另一篇打造了上百万成交额的文案是关于某培训课程的。文案中这样写道，"本课程现售价1500元，根据报名情况，会以每天50～200元的价格逐渐上涨，上不封顶。"看到该文案，关注者内心会不由自主地开始计算，并产生相对应的紧迫感，最终马上形成成交量。

给用户一个"非买不可"的理由，并形成产品与众不同的独特卖点，才能很好地推动文案效果的发挥。总体上看，高成交的文案，其内容定位和表达方式上，都十分贴近目标客户。这样的文案并不在于是否煽情、是否能把产品描绘得美轮美奂，而是让用户脑海中产生购买的决定，传递出有效的信息。

Part 2
招商营销文案写作的十个捷径

- 如何撰写夺人眼球的标题
- 招商信息巧妙融入
- 图文配合，赏心悦目
- 巧妙排版，引人入胜
- 煽情入心
- 描绘前景，引人联想
- 善讲故事，绘声绘色
- 热点时事融合，塑造真实场景
- 问答式：解开客户心头疑惑
- 励志式：现身说法，魅力十足

01 如何撰写夺人眼球的标题

用户在阅读文案时，无论媒介是移动互联网还是传统互联网，最先产生印象的是文案的标题内容。标题的效果好，用户就愿意花费时间精力，继续向下阅读，反之，即便文案内容本身富于创意，但标题却缺乏诱惑力，用户根本没有意愿进入阅读状态，文案也就不具备什么营销价值了。

夺人眼球的标题，是文案被更多人注意到的基础。下面是一些实用的方法。

1. 开门见山

标题直接表达主题。越是实用的文字，越应该开门见山，在标题上直接突出主题价值。例如，"××品牌故事""××经验大集锦""××美食指南"等。采取这种方法来设计标题，需要注意使用核心词，最好应该是所有人都熟悉的话题，并且能利用标题引起读者兴趣。

2. 使用热门词语

标题对热门词语加以运用。每隔一段时间，网上就会出现新的热门话题，并从中引申出词语，例如，"厉害了我的哥""××去哪儿""没想到你是这样的……"等，这些热门词语可以让人们的阅读意愿充分凝聚，并从中获取好奇感。

同样，商家的文案标题可以尝试将内容和对应的热门流行词语加以搭配，传递出不同的内容。除了采取这种套用式的标题模式，还可以根据时下新闻热点对标题加以编写，也能起到引起充分关注的作用。

3. 创设悬念

一般来说，对于看似欲言又止或者寻求解答的标题，人们常常是愿意深入去阅读的，出于这样的心理，文案编创者可以用疑问感来作为标题的特色。

例如，"XX背后隐藏的秘密""XX究竟是否正确"，以及"商品秘密公开""不为人知的内幕曝光"等具有悬念价值的词语，很容易抓住用户的眼球。

设置悬念想要成功，还可以在标题中添加特殊的标点符号，包括问号、感叹号、多个感叹号等，这些标点符号语气十足，足以"诱惑"读者看下去。

4. 违反正常逻辑

很多情况下，看起来逻辑正常、通顺的文章标题，即便具有知识性，但却在相当程度上缺少趣味性，用户们经常只是稍微看一眼，就跳过了阅读的页面。

与此相反，越是看上去和常理相悖的标题、越是不符合常识底线的话题，越是能够带动人们的关注力。例如"最新研究发现XX说法的谬误""××竟然也会出问题"之类，都能够有效引发人们的阅读、转发和讨论。另外，文案写作者还可以在语气上下功夫，突出常规被打破的效果，例如"还有谁相信××？""××说法骗了这么多年""谣言！××的真相在这里"等，都能够渲染出惊讶和震撼的气氛，进而提升用户对文案的注意力。

除了上述方向之外，编写文案标题还需要注意下面的细节。首先，标题的字数不能太多也不能太少，否则有可能不便于表达意思，或者导致拖沓。一般而言，标题字数控制在十个左右。其次，要将标题和文案内容充分联系。起一个看上去有力的标题，如果内容无法联系，虽然一时能够吸引人气，但会让人们感到厌烦，而商家在他们眼中的印象也变得浮夸不务实，不利于随后进行的推广与营销。

02　招商信息巧妙融入

微商文案，除了向消费者传递信息，还具有招商的功能。通过文案内容的发布和推送，将招商信息传递到可能关注的人手中，打造出符合代理经销商需求的内容，对微信文案运营者来说非常重要。

1. 要把产品的特色、优势表达为利益

用户会在意微商提供的产品或服务有多少功能、材料有多好、技术有多先进、服务多有特色等，但代理商对于这些并不感兴趣，他们想知道代理产品或服务，能为他们带来什么利益。因此，商家绝不能预设代理们都很聪明和耐心，他们必须看到直接的利益，比如每个月能够增加多少成交量、能够多快速度月入破万、十万等。

2. 招商信息中主角应该是"我们"

招商信息面对的不是最终客户、消费者，因此，商家应该将代理商看做伙伴而并非顾客。在文案中，要多提到"我们"而不是"你"。例如，不要写"你能拿到的产品持久耐用、深受欢迎"，而是"我们向市场提供的产品持久耐用、深受欢迎"。

3. 内容要能够强化可信度

招商，招的是信心和热情。可以巧妙地将商家已经进入行业的时间、获取的荣誉、成功代理销售商的经理、提供的政策保证等内容融入文案，进行侧面叙述，这样才能让代理商安心加入团队。

4. 使用真实案例

尽可能在招商文案中使用时间、地点、姓名都有实可考的案例，这些案例可以是具体消费者的，也可以是代理经销商的，只要将他们的成功经验展示在案例中，并不需要多么花哨动人的语言，就能发挥出招商的强烈效果。

5. 不要过多顾虑篇幅

与普通消费者阅读的文案不同，招商对象是希望能够通过产品销售赚钱的机构或个人，其中越是有营销实力的，越是会仔细寻找文字中的信息。因此，商家的目标是要和读者充分分享产品或服务的价值，意思一定要表达充分，才能展现招商的诚意。

6. 要兼顾不同的招商对象

商家应该清楚代理商行为模式的不同极端，并且针对其中不同类型的代理商，提供他们愿意接受的资讯。

例如，代理商的极端可能是"理智型"与"冲动型"。理智型消费者，对资讯类的内容较感兴趣，他们会愿意阅读商家提供的很长篇的文案，仔细钻研和对比产品的不同、政策的不同；冲动型代理商则比较没有耐心，他们会想要尽快知道自己通过代理能够赚到多少钱。

当商家在写招商文案时，必须要在大中小标题、图片以及重点文字内容中对重要讯息进行强调，再在具体文字中去满足理智型读者的要求。

03　图文配合，赏心悦目

如果单纯只有文字，文案的界面会显得呆板而枯燥，因此，策划和营销团队有必要通过图片，对界面进行装饰美化。

1. 封面图

优美的封面图可以有效引起读者的阅读欲望，并转化为内容阅读的强大动力，同时也能体现出商家在营销中的审美品味。

在为文案挑选封面图时，注意要符合尺寸、内容等多方面的要求。在此基础上，商家可以展示有特色的元素让文案的封面别具一格。

例如，在微信平台上推送的文案，其封面图尺寸通常是900×500，次图尺寸是200×200，选用这样尺寸的图片，可以在文案配图之后达到最好的效果。否则，有可能导致封面变形或被遮挡。

2. 多图文配图

一篇文案往往会配多幅图片，这些图片在整体上应该保持一致的风格，并凸显出商家的品牌风格。另外，封面图片要将主要内容放在中间。当用户通过移动互联网社交工具分享的时候会更为方便。例如，微信平台上的推送，能够自动将文案封面图居中的正方形部分内容截取下来，设置在中间，以保证图片精彩内容在朋友圈上清晰显示。

在对正文进行配图时，还应该注意选择和文字内容尽量融合的图片，尤其包括色彩的冷暖、构图的比例等。

总之，无论是单一图片还是多幅图片，图文融合的总体效果要做到看似无意、实则有心，好的图文配合，能够让文章增色不少。

04 巧妙排版，引人入胜

不要以为会word排版就会微商文案的版式设计了。其实，微商文案有多样化的排版方式，这不仅因为这些文案中很可能同时包含着图文、语音和视频等元素，而且还因为微商文案大多数的阅读载体集中在手机上，只有选择对手机而言最合适的编排方式，商家才能让用户有着充分的新鲜感，并获得他们在阅读之后对产品的追随感。

从用户角度来看，文字排版的质量如何，决定了他们阅读时的第一感受，用户即便明知道是微商的营销文字，在阅读过程中也希望感受到乐趣而不是无味。为此，微商文案的排版就要和传统营销文字有所改变。然而，不少文案运营者显然习惯了传统媒体上营销文案排版，试图直接运用到微商文案上，很难想象这样能够产生良好效果。

采取下面的方法，可以解决微商文字排版中的问题。

1. 消除格式

对微商文案内容进行编辑时，有可能采取复制粘贴的方式，将一些适用性强的内容，直接从网页或文档中，拷贝到微信公众平台或微博、论坛的编辑器上。然而，如果不事先消除格式，就会出现问题。

消除格式的具体的做法是：

首先，将网页上的文字内容进行复制；

其次，打开电脑中"附件"的"记事本"，然后粘贴；

最后，全选记事本中的文字内容，再将之复制并粘贴到公众号编辑器中。

值得提醒的是，在开始较为复杂的文章排版时，先进行消除格式，并养成习惯，会让写作者和编辑者感到非常方便。

2. 段落分段

段落分段的作用也很重要。传统纸质媒体留下的版式习惯，在段落之间，只有一个直接的换行，而并没有其他空格，这种形式很适合书籍阅读，但却不适合手机等智能终端阅读。因此，在段落之间，需要加入一个段间距的空格。

3. 避免段首缩进

传统媒体一直采用段首缩进样式，但在手机上就会显得不够美观。正确的做法是取消手机文案的段首缩进，让文字顶格排列。

除了上述三点之外，在文字大小上，建议微商文案能够坚持按照一般手机屏幕大小的比例，设置为15PX、16PX大小为宜；另外，文字本身的色彩不应变化过多，一般来说，整篇的文字颜色不能超过两种，而文字色和文字的底色如果不同，也有必要搭配协调；最后，文字的行间距还应该设定为1.5倍或1.95倍。

05 煽情入心

微商文案内容，需要在一定程度上进行煽情，从而打动阅读者，让他们对产品和品牌留下深刻印象。

1. 个性化煽情

文案的内容过程不能平淡无奇，必须在真实可信的基础上，着力表现产品的历史、质地、技术等不同特点，使之成为能够唤起特定消费者群体共鸣的文字，从让个性贯穿文字的始终。

个性化煽情的具体内容如图4.2.5-1所示。

（1）出人意料：以文字突出平常的意外性，表现出微商产品和市场上同类产品的强烈不同。

（2）传统特点：让文字看起来更像口口相传的传统继承文字，而不是非常明显的文案创作。

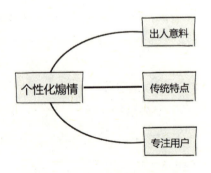

图4.2.5-1　个性化煽情的要素

（3）专注用户：文案中所表现的个性特点应该覆盖用户的性格特点。

例如，某微商销售的是户外精品，在他的公众号上，专门推送了一则某品牌打火机的煽情文案：1945年，在"二战"战场上，美国军人汤姆在德军机枪压制下，被击中左胸，幸运的是，机枪子弹撞击到他装在口袋中的打火机。打火机被撞坏了，他只是轻伤，保住了性命。战后，生产打火机的企业希望为他修理，但汤姆却将之看做光荣历史，将坏打火机永久收藏。

这篇文案的写作可谓充满个性。打火机的主要用途并非用于防护，但为了迎合特定的用户对男子气概的追求，满足他们感情上的需要，写作者将打火机和英雄主义情感联系在一起。同时，充满巧合的情节，不像是当下的编造，更像西方流传多年的传说，尤其能够打动男性消费者。

2. 真情文字

写微商文案，不能过于追求表面的文字流畅华丽、主题的大气高端。尤其在快速阅读的年代，越是远离消费者情感，文案就越是难以打动他们，相反，只有从高处立意，而从低处着手，加强细节的真实性，营造充分情感，方能让消费者为之动容。

真情文字的特点如图4.2.5-2所示。

（1）个人际遇。文案可以写微商、用户等个人和产品有关的际遇，用生活上真实的改变，来传递产品是如何关怀个人、创造价值和满足需要的。

（2）普世价值。亲情、爱情和友情，是普世价值中最推崇的情感，也是煽情文案中最吸引人的三种关

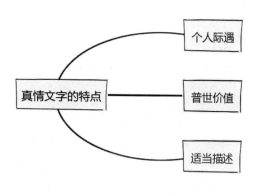

图4.2.5-2 真情文字的特点

系，一定要多加利用。

（3）适当描述。写煽情文字，离不开描述一些能打动受众的场景。例如生离死别、误会委屈、吵架和好、消融矛盾、艰难成功等，文字中可以多渲染其中人物所承受的压力，直到最后获得圆满结局，从而让受众有充分的代入感。

06 描绘前景，引人联想

心理学研究证明，有四种因素影响着消费者对某一事物的看法和态度，它们分别是消费者的家庭和朋友的影响、消费者直接的使用经验、大众媒介对该事物的评价，以及企业的市场营销活动。

在这四种因素中，口碑传播是市场中最强大的控制力之一。但口碑传播同时也是企业最难以操控的力量。因为"口碑效应"原本属于自发行为，微商只能顺势去推动它，而不能像传统广告那样修饰产品和品牌。一旦企业加入到口碑营造过程中，对于消费者而言，口碑就丢失其客观意义。

不过，面对口碑，企业并非真的无所作为。微商可以发布文案，推动口碑传播。例如，作为口碑营销的核心战场，微商完全可以在网络公共空间如微博、论坛、微信朋友圈发布一些具有"自发性"和"中立性"的软文，推动口碑传播的形成。

下面以某饮料的一篇微商文案为例。

在进军全国市场之初，公司以一个普通男青年的口吻，在论坛上发布了一个帖子：女朋友天天都要我用4块钱买××饮料，该不该让她还钱？接着，这名"男青年"详细诉说了整件事的来龙去脉。

两人刚认识时，一起出去逛街，女友口渴了，但是说自己身上没带零

钱，从我这里借了4元钱买××饮料。从此她每天都要从我这儿拿4元钱买
××饮料。一年过去了，这300多个4元钱的事她提都不提！没想到她是一
个借钱不还的人。我不喜欢她了，我准备和她分手，我做得对不对？请大
家给个意见！

这则帖子发布两天之后，因为其内容和价值观的"奇葩"，迅速登上论坛话题
榜榜首，并引发微博网友大讨论。一时间，网友们分成了两大阵营，一方认为这个
男生为了4元钱的××饮料就要与女朋友分手，显得太"抠门"。而另一方（大多
是微商的水军）认为这个男生摊上了一个败家女友，应该迟早甩掉。

在这场全民大辩论中，获胜的却是营销方。因为所有的网友们在唇枪舌战的同
时，其实都记住了两点：一是××饮料4元钱一瓶，二是这个男生的女朋友天天都
要喝××饮料，这无形中起到了口碑推广的作用。

怎样写出具有口碑传播性的软文？

1. 名人代言法

可以找到在某些领域具有很高辨识度的人物，对产品加以推荐，可能比众多普
通消费者同时推荐效果更好。

知名媒体人卢松松曾经在自己的博客发表了一篇文章——《4个网络书
店的创意模式》。在这篇文章中，卢松松向粉丝们分享了四种类型的网络
书店，而且在每一个网络书店后面都带有网址，同时分别解释了这些网站
的特色和作用。卢松松在文章末尾特别注明："这篇文章不是软文，只是
自己购买书时网上发现的网站，觉得不错，特予分享！"

在卢松松的博客上，这篇文章的浏览量达4000多次，留言有250多条。而且，
基本上看过这篇文章的用户都会点击文中附的链接，还有50%的用户会选择注册其

中两个网站。这篇文章实际上达到了软文的口碑传播效果。

2. 积极分享软文

做好口碑塑造，文案创作者要敢于自己分享。

例如网络推广红人牟长青，一开始认为自己文章写得不错，同时非常善于分享。牟长青在自己发的每一篇文章的标题，都会加上"牟长青"三个字。随着被采集次数的增多，牟长青最终成为了权威人士。

3. 全面建设品牌

极致的口碑推广，必须立足于产品和品牌本身的建设，包括取一个朗朗上口的品牌名，例如汽车界的奔驰、宝马，很容易让人联想起品牌的特性。同时，在产品设计上要符合消费者的习惯，如服务的完善程度、消费流程、使用方便与否等都有直接影响。

07 善讲故事，绘声绘色

满足读者的诉求是微商文案的基本要求，因为如果文案不符合其自身需求特点，那么读者无论多么喜欢文字本身，为之感动不已，都很难将自己代入角色，转化成为购买者。相反，如果文案和受众所熟悉的需求、目的、环境等充分贴合，情况就会完全不同。这体现在故事型文案中，即越是善于讲消费者熟悉的故事，越是能够取得成功。

一篇名为"面临嫁得好与自食其力，农村姑娘该如何抉择"的求助信。软文主人公是来自湖北武昌农村的25岁女孩。与其他姑娘不同，软文主人公喜欢自食其力，喜欢有自己的事业，目前，女孩经营着一家奶茶店。主人公自述：我一向认为自己什么事都可以解决。但是现在，我在自己的人生路上也遇到了无法解开的难题，我该怎么抉择呢？请求大家帮助。

主人公回忆了自己与白马王子的第一次相遇，是在一个朋友的生日晚会上。渐渐地，两人相识相知相爱。男孩1.8米的个头，举止端庄有礼，主人公尤其喜欢男孩炯炯有神的眼睛。两人相处了半年多的时间后，主人公真心爱上了男孩，希望两人能一起过一辈子。

后来，主人公知道了男朋友的家境非常不错，其父亲是一家公司的老总，男朋友在父亲的公司当经理。尽管如此，当男朋友向主人公求婚时，主人公还是答应了下来，毕竟那是自己喜欢的人。

不过出嫁后，主人公发现自己的压力很大。丈夫要求主人公关闭奶茶店，认为一个女孩子如果成天守着奶茶店影响不好，而且自己家资产颇丰，完全不需要主人公赚的那些钱。可是主人公坚持自力更生，希望保有自己的事业。丈夫不同意，并告诉主人公，如果坚持不关奶茶店，两人只好分手。

最后，主人公陷入了艰难的抉择，对丈夫也有了一些抱怨。如果因为自己嫁入一个家境好的家庭就必须放弃自己喜欢的工作，这样的结果并不是主人公想看到的。自己开奶茶店也没有什么不妥。虽然一年不能赚几百万、几千万，不过赚的钱能养活自己。而且，主人公还是用自己的双手劳动赚钱，又不是什么见不的光的事情。

这样的故事，与奶茶店加盟推广的对象所熟悉的电视剧剧情、街谈巷议的八卦有很大贴合点，由于情节符合读者口味、叙述者使用第一人称，听起来宛如身边朋友的例子，因此不仅能打动读者，还会唤起他们进一步对产品的注意力。

虽然故事诉求型文案有如此大的魔力，但是文案创作者切记不能去编故事，而是应当把自己想象为文案的主角，将对产品的有关感悟经历移情到软文主人公身上。对于自己不曾经历或者无法想象的故事，文案创作者应该尽量避免去写。

08 热点时事融合，塑造真实场景

事件评论型文案，能够和热点事件、热门新闻或者热门话题相融合，将评论、追踪观察、揭秘、观点整理，以及相关资料等方式结合推广产品品牌而创作的软文。这种文案借助于热点事件，可以有效提高阅读点击率。

1. 抓住热点事件

在移动互联网普及时代，每个人的关注点都会越来越跟随社会热点事件进行转移，并由此而形成集体无意识的点击和阅读行为。这就决定了文案写作时，必须要适当和事件营销进行结合。

2016年，某娱乐明星当伴娘而差点被扔到泳池的事件发生后，某婚庆微商品牌文案团队，迅速打造《害怕像××那样被扔进泳池？结婚流程设计很重要》的软文。在软文中描述了这一热点事件，分析了该婚礼的流程安排，介绍了妥善安排一场婚礼内容的重要性，进而使人们联想到需要找资质过硬、经验丰富的婚庆服务。

如果没有直接将明星的名字和事件关键词放入标题，被搜索到的概率也就会很小。

挖掘文案可以利用的热点事件时，应该注意以下几点，如图4.2.8-1所示。

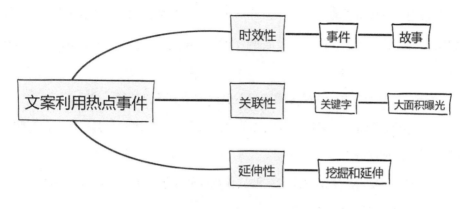

图4.2.8-1　如何利用热点事件

（1）时效性。事件文案的关键在于事件。既然是事件，就存在时效性，抓住时效性强的事件形成故事，才能爆发出短期内大量的阅读量。

（2）关联性。事件主题的文案，最好能包含事件的关键字。这样，当文案发布之后，搜索引擎就能迅速收录文章，并通过人们的搜索行为而大面积曝光，提升文案的传播力和销售力。

（3）延伸性。写作者在没有更好的热点事件时，不妨以现有事件挖掘和延伸，从中找到和营销内容相关的"入口"，并形成软文。

2. 事件评论

事件评论型文案，通常是针对某一热门事件发表意见或看法，其针对的事件大小不限，所站立场也基本不受限制。只要不违法，企业可以利用事件评论型文案达到推广微商产品品牌的目的。

事件评论型文案有两方面的作用，一方面是阐述文案创作者自身的看法，另一方面，也有利于培养文案创作者在相关领域的地位和名气，增强自身的影响力。最重要的一点，文案创作者站在特定的立场上所阐述的看法，往往是比较独到的，有利于开拓受众思维，分享新鲜信息。

事件评论型文案既有软文广告的优势，同时也必须接受限制。其优势在于写作形式的自由，不拘泥于具体文体。但另一方面，营销性质决定了文案创作者必须控制话题走向，朝着有利于推广产品品牌的方向发展，同时凸显文案创作者或第三方的角度。

在事件评论型软文中，需要重点对下面的四个要素加以深入剖析。

（1）事件要素。文案创作者主要从事件为何发生在此时，前后是否有关联事件发生等方面进行分析。

（2）地点要素。文案创作者主要从此事件发生于此地是否具备明显的支撑因素、因素为何产生两方面进行分析。

（3）人物要素。人物与事件本身的关联、人物的身份和性格，以及人物本身值得关注的地方展开分析。

（4）缘由要素。软文主要从事件缘由是否清晰，缘由与事件结果之间是否存在清晰的逻辑关系，以及是否有逻辑断裂等方面展开剖析。

09　问答式：解开客户心头疑惑

在微商文案中，常见的是对产品功能的描述、性价比的夸赞，或者是精美的图片。但如果突然出现意想不到的提问，反而会让用户停止惯常的被动接受节奏，迎来深度思考，从而聚焦产品。

问答式的文案，能够以"问"呼人，让受众感觉更亲近。拉近人与人之间距离最简单的方法莫过于打招呼，就像国人见面都会问一句话，"吃了吗？"显然，以对话、发问的形式，或者对受众直呼其名，往往更能吸引受众的目光。

来看下面这些案例。

现实矛盾：指出用户现实中面临的困境，启发解决愿望，如《家里灰尘总打扫不干净怎么办？》中，主要用问答来推广一款手持迷你吸尘器。

价格问题：《价格不实惠？少抽一包烟换来男人脸面》这篇文案，是淘宝论坛上位某款男士护肤露发布的软文，直接在价格上形成优势，并给予回答。

制造悬念：《我是怎样教会乡下婆婆煲汤的》，是京东上以购买评论形式发表的一篇智能电饭煲软文。这篇软文抓住分享点设置悬念问题，得到了很好的传播效果。

那么，如何策划问答式的文案呢？

人们喜欢求解生活和事业中的问题，每解决一个问题，往往会增添更多愉悦感。同样，在阅读文案时，读者期待的感受也是如此。作者应该首先在标题上埋下伏笔，能够让受众惊讶、猜想，继而产生阅读正文的渴望。

问答型文案的标题应该具有趣味性、启发性和制造悬念的特点，而且能够引发读者继续阅读正文，寻求答案。

例如，为防锈产品撰写的软文标题："是什么让他的爱车走向了不归路"，为红酒撰写的软文标题"十年里发生了什么"，为食品类撰写的软文标题"高端乳酸猪肉是忽悠吗"，为培训机构撰写的软文标题"我是如何从失败中奋起，进而走向成功的"，实际上都是在文中做出解答，而读者了解解答过程，就是在了解产品。

在正文中，问答型文案应该通过向受众寻求帮助或提出疑问，不断指出困难点或者疑惑点，再用和产品有关的逻辑加以解决，达到产生共鸣获取认同的目的。例如"做公益，你怎么盈利不饿死？""设计真的有那么重要吗？""没有运营的产品怎么火？"。

当然，问答型软文也需要一定的技巧，那种太过于简单的、意义不大的问题，并不能引起受众的注意，应该加以避免。让受众产生共鸣，希望与文案创作者一起，协同解决问题，这是最有效的推广手段。

除了提出的问题要有吸引力，文案中给出的答案还应该符合常识，否则将作茧自缚，让读者失望、厌恶。

10　励志式：现身说法，魅力十足

在传统营销活动中，名人效应经常带来双赢的效果。不过，随着时代发展和营销市场的改变，选用不合产品气质的名人，也很可能导致营销失败。

在文案中运用名人效应推广产品，必须要设法让他们通过文字来现身说法、展示魅力，这样才能制造出让受众惊喜的效果，传达弦外之音和暗示，制造市场和口碑之间的巧妙联合，形成细致深入的信任感。

来看下面这篇文案：《刘亦菲素颜也是美人一枚，刘亦菲护肤有高招！》。

被称为"神仙姐姐"的刘亦菲颜值高不说，还是圈内公认的皮肤好，即使是素颜出镜也是美人一枚！她白嫩的肌肤让很多女明星都很羡慕，她是怎么护肤的呢？原来刘亦菲护肤有高招哦！

（1）每天吃一个苹果。

大家都知道，"每天一苹果，医生远离我"。苹果不仅能带来健康，也能带来护肤美颜的效果。刘亦菲曾经在采访中透露，自己会每天都吃一个苹果，苹果酚能抑制黑色素，还能抗氧化，富含的果胶还能帮助排毒，里面的维他命可以帮助消除色斑，延缓皮肤衰老！

（2）日常补水绝不可少。

刘亦菲表示日常补水绝不可少，她在片场休息的时候就会敷面膜补水，一天补水两三次是很有必要的。此外，平时也要多喝水。

（3）选用一款好面霜。

刘亦菲的好皮肤众所周知，这次红毯上的妆容也非常的清透高级，要说咱们"神仙姐姐"是怎么保养皮肤的？这次戛纳红毯之前我们××团队特意赶去戛纳，并拍摄了刘亦菲的梳妆台。可以看到，除了琳琅满目的彩妆之外，护肤品自然也不能少，梳妆台上的保养品虽然不多但这两个大瓶子还是很醒目的，就是来自××品牌家的花蜜活颜丝悦系列产品。

这篇软文从标题到内容，很好地利用了名人效应。

1. 标题效应

在标题上，文案写作者应主要立足于将名人符号进行象征化。之所以要重视标题，是因为如果使用名人照片、推荐等，需要财务、法律等各方面的沟通确认，而单纯用名人符号来打造标题，所受到的限制会少得多，不至于引发纠纷。类似标题有"XX自拍揭秘，天后也爱这样的洗脸神器""XXX成山寨礼服王""XXX年轻20岁的秘密""XXX最喜爱的几款LV包包"等。

判断名人软文标题是否有效，最值得一试的方法就是去掉标题中的名人符号后，整篇文案实际内容是否依然能展现魅力。如果达到了这个标准，那这样的软文标题就是很有价值的标题。

2. 内容效应

在文案中打造名人效应，最好遵循下面的模式。

（1）利用名人魅力吸引受众，前提是名人的形象、声誉等不仅要与品牌相符，而且要符合主流价值观，表现出积极、健康、向上的正面形象，留给受众良好的印象。

在文案中，名人效应的运用如果得当，不仅可以带来产品销量的增长，还可以借此稳固在消费者心中的地位。例如，许多品牌采用的金字塔形象推广战略。社会上的名人有很多，不过顶级的名人却是极其有限的，从这个意义上来看，越出名的人物，具有的辐射力也越强。

（2）微商文案中提到的名人，越是和产品联系紧密，吸引力越大，相关的文章，阅读率和转发率较高。

例如，《搜狐总裁的运动心得》《马化腾称赞的良心企业》《美食家蔡澜爱吃的海鲜排挡大曝光》等。需要注意的是，运用名人来为标题包装不能完全是胡编乱造，最好有一定根据或出处，可以从传记、采访、新闻报道中寻找蛛丝马迹，真正让名人效应和营销内容有效联系起来。

（3）名人选择。即便号召力度和社会魅力接近，名人所适合的文案也不尽相同，必须有充分的选择空间和标准。

例如，产品主要面向中老年人，就应该选择刘晓庆、斯琴高娃、陈道明这一类年龄偏大的明星；产品包含欧美元素，那么好莱坞明星、NBA球星是不错的选择；产品面向未成年人，TFBOYS、鹿晗、关晓彤等"小鲜肉"则是不二之选。只有照顾到阅读者的特殊关注点，名人型标题才能真正见效。

Part 3
产品价值塑造的
十个大招

- 描述法
- 对比法
- 故事法
- 比喻法
- 数字塑造法
- 算数塑造法
- 图片塑造法
- 级别塑造法
- 感官塑造法
- 稀缺塑造法

01　描述法

好的产品文案，能够吸引消费者的眼球，并增加转发率，提高转化率。这离不开使用描述法对产品价值进行塑造，下面的技巧可以提高描述的吸引力。

1. 描述有利事实

首先直接开门见山地展现产品的有利事实，无论这些事实是何种方面的。

例如，"XX面膜曾经获得国际展览会金奖""我们的奶粉是影响了日本半个世纪的知名品牌""我家的烘焙蛋糕是本市第一家微信电商销量冠军""XX家是汽车美容网网友票选第一名""姚明曾经亲自品尝过的面馆"等。或者直接描述销售利润、成交总量来表现产品的优势，吸引代理参加。

这种描述方法的门槛低，无论写作者文字功底如何，只要能找到产品任何一方面的闪光点，简洁有力地加以表述即可。

2. 描述产品各个侧面

微商文案写作有一个经典原则是：好文案写给客户看，不好的文案写给自己看。不要站在自己的角度去看产品，而是要假设自己一无所知，为此，在产品的相关文案中，一定应该带有完整的商品描述。字数无需太多，但其中应该包括品牌、中文、英文、型号和最能表现其特点的术语、原理。这样，既能够方便用户认识产品，也便于他们上网进行搜索，进一步了解和产生购买。

3. 引导用户体验

文案可以以方便理解与转发的文字，改变用户最初对产品的设想，站在主观角度去描述他们的体验，进而使其生成购买的愿望。

例如，某微商代理在销售一款耳机时，不是站在销售者角度去介绍产品特点，而是采用了第一人称，以耳机发烧友的身份，描述该耳机对歌曲的解析能力，展现产品带来的非凡体验。这种描述角度打破了原来的惯性，轻而易举地改变了读者的想法，使得他们愿意进一步了解其他信息。

 ## 02　对比法

对产品的描述不能孤立进行，如果微商营销文案只能就事论事地介绍产品，就无法给用户留下深刻印象。只有将产品放在整个市场环境里面，他们才能了解其价值的宝贵。

1. 九宫格对比法

文案策划人可先在一张白纸上先画出九宫格，随后在最中间的格子填上商品名称。随后，在其他八个格子中填写产品和其他同类产品相比的突出优势。

例如设计风格、包装特色、产品独特价值、其他产品缺陷、价格优势、客户价值、文化价值、额外福利等，如图4.3.2-1所示。通过这种强迫式策划的方法，策划者能够构思并找到内容丰富的不同点，并从九宫格出发，逐渐建构出明晰的写作方案。

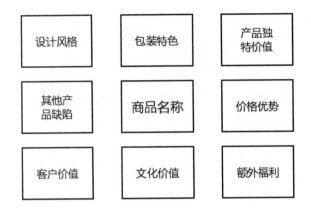

图4.3.2-1　九宫格对比法

2. 竞争性质的对比

在互联网营销平台上，微商利用文案来推广自身产品的同时，也要学会利用对比描述法突出价值，从而对竞争对手的攻击进行有效的防御。当然，微商如果在市场中发现对手有漏洞，可以在文案中有技巧地进行展现。

某微商发现，竞争对手正在宣传产品价格优惠行动，为了进行对比，这家微商在产品文案中重点强调"目前有一些商家，对消费者片面追求便宜心理进行迎合，销售的商品价格相当优惠。但我们的产品坚持不降价，是因为其渠道的正规决定利润空间无法再压缩。"这样的描述，既能化解市场竞争压力，反过来又凸显了产品价值，让竞争对手某种程度上陷入被动，破解了商家面对的不利情形。

3. 及时修改自我对比

对产品介绍的文案，应该在不同时间段准备不同的版本，具体可以分为产品刚上市时、销售热门时、销量减退时等不同阶段。在这些阶段文案的描述中，应该注意围绕产品营销气氛的变化，进行自我对比。例如，刚上市时可以突出产品的新，而热销时则将产品已经表现出的经久耐用和之前比对，展现进步。当然，围绕产品变化进行的具体修改，也应该围绕消费者的购买感受来进行强调。

03 故事法

很多商家在展示产品时，都不吝用最好的词语来形容。但产品价值的塑造并非只有"自夸"这一条途径，不妨改换思路，去赞美消费者，很容易得到意想不到的效果。

赞美法是直白的，如果微商卖减肥产品，需要找那些急需减肥的肥胖者进行夸赞；卖化妆品，要找那些乐于保养的人进行夸赞。要学会通过夸赞，去让客户激活大众内在的需求。

一家企业卖减肥产品和护肤产品，这两者并不冲突。文案的价值就在于进一步拓宽营销思路，宣传减肥产品和护肤品的产品搭配，效果会更好。为此，营销者在写作文案时，可以多赞美粉丝，夸赞她们有更高的目标去改变自己，同时还可以通过赞美来传递产品的有关知识。

这篇文案这样写道：

> "只有最理性的消费者，才会看透市场上那些林林总总的产品，找到一款性价比最高、功能最实用而效果很好的减肥护肤产品……"

在赞美消费者之后，文章随后还教授了养生与保健类的知识，指导用户如何同时保养身体，由于有了夸赞的铺垫，再加上专业知识背书下，客户才有冲动去购买。

对微商来讲，要清楚用户的自我心态，他们大都更加肯定自己的品味，因此而不喜欢别人对自己进行评价，或者怀疑他们审美。所以文案先要肯定用户，然后再给他们更好的选择。

04　比喻法

营销文案确实是为了将微商的产品和品牌推销出去。但这并不意味着内容总是要直接表露。在很多情况下，文案如果能被精心设计形成"逆反"表达的效果，就能够以与众不同的方式塑造出产品的价值，进而在同类产品中脱颖而出。

某款提升注意力、学习力的保健品，推出了一系列文案，帮助代理商来宣传其使用效果。其中有一篇题为《程序员！还在使用XX饮品吗？》。

在文章中，作者先是介绍了程序员岗位的特点，又分析了人类大脑工作注意力机制的简要原理，随后他写道："最近，很多程序员都发来消息，说自己使用××饮品之后工作注意力大为提升。不过我也为他们感到担心：不要总是使用××饮品，工作也要注意劳逸结合，有时候，放下××饮品，放下手中的电脑鼠标，和繁重的业绩说再见，去旅游、恋爱、美食，把时间花在美好的事物上，不也是一次浪漫的生活体验吗？"

表面上看，这篇文章是从程序员的健康出发，建议他们不要总是饮用该饮品，但实际上，很多真正有工作压力的人只会看到文章背后的消息"使用饮品会让人对工作欲罢不能"。他们会越过文字表面现象，从自我需求角度来对文章内容加以理解。类似成功的文案并不少见，作者利用人类常见的逆反心理，看似劝诫警示，其实是在塑造产品价值。

经常采用的逆反塑造法有下面几种。

1. 指出产品"缺点"

只说产品优势，会显得并不真实，相反，先指出缺点，能够让用户潜意识中认为除此之外产品都是优点。例如，某款为孩子开发的绘画玩具这样写道：由于孩子太喜欢这款玩具，很多用户的孩子拿到产品之后常常画画，吃饭都要奶奶反复提醒催促。听上去是在抱怨，其实是在塑造产品对孩子兴趣的激发。

2. 故作批评

以用户自身的角度，描绘使用产品之后产生了什么样的"负面"影响，立竿见影地催促消费者购买。例如某微商产品的招商文案：

> 我是一位职业经理人，平时不仅要忙自己的工作，还要带新进的九零后员工。现在这些年轻人，学历高、个性强，还有脾气，前几天一个女员工突然辞职，说自己要去代理××产品。我提醒她的业绩在公司已经排名前列，前途很不错，她却理直气壮地说，自己现在月收入四五万元，早就超过我了，何必再苦苦上班！哎，微商真是会害人！

实际上，越是看到这样的文字，受众越是想知道，代理产品真的这么赚钱吗？

当然，批评要有一定的限度，不能触及读者切身利益和违反社会道德，这样才能产生强烈的对比效果。

05 数字塑造法

在文案中利用数字的列举，能够起到真实、具体塑造价值的作用。

和文字相比，数字客观而公正，无论怎样写，都是同样的真实情况，不可能因为写作水平的不同而改变数字背后含义。与此同时，中国人又喜欢数字所传达出的精准感。如果一篇文案毫无数据支撑，阅读完毕之后总会觉得缺少令人放心的价值支撑。另外，数字还利于传播，如果读者对其中数字感兴趣，也会因此而积极转发，形成流量链接。

可以重点采用下面几种数字塑造法。

1. 大数字

利用较大的数字，在文章中形成重点，能够让读者对产品价值有认同感。

> "这款产品面对着的是数量超过500万的妈妈们。"
> "在使用这款产品后，许多用户的体重都减轻了十斤。"

值得提醒的是，所谓大数字，并不是指绝对的大，而是要指超出读者内心预期的大。

2. 小数字

采用较小的数字，也同样可以塑造产品价值。

> "很多人每个月只花10元钱，就治好了自己的失眠。"

这样的文字，以较小数字作为不同点，效果也同样显著。

3. 数字衡量的利益

想要在文案中用物质利益来引导消费者的行为，用数字表达是最直接而有效的。例如"我们准备了四百张超市券要送给您""5000份奖品，等待优质消费者"等，强调了利益的数字，并没有提及前提条件，但即便如此，读者还是会因此而被吸引，并进一步阅读下去。

06　算数塑造法

微商文案效果不佳的原因有很多种，抛开其中的表象，大多都是因为策划和写作者想快速达成成交，导致心态失衡，缺少了对用户的了解。尤其刚刚接触微商的文案人员，经常想要在最短时间内完成对消费者的深度教育和彻底改变，这是很不现实的。只有从他们的内在进行改变，塑造他们的需求，才能发挥文案的作用。

要想形成需求塑造，就要从下面几个方面做起。

1. 先了解用户的个人喜好

做微商文案，切忌不懂用户，只懂自己。写作者必须要经常从用户的头像、微博、QQ言论、论坛文章或者他们朋友圈发送的内容里去了解用户，要知道和熟悉用户喜欢哪些东西。

2. 多和用户进行沟通

在写作之前，最重要的是要和用户多接触、多聊天，要利用节假日或者对方提问的机会，多找到共同话题，从双方都熟悉的话题上延伸，随后介绍企业是做什么的，或者产品有什么价值。

3. 适当转发文章

不要和用户一开始接触就转发营销文案，这样会让他们感到厌烦。对待用户，要有礼貌，只有在他们开始表述自己的需要，例如"我觉得自己需要……""我最想要做到的是……"时，才说明机会适当，可以转发相关的营销文案。

4. 先试用，后塑造

微商不仅要重视用户对产品的体验，还要通过他们分享体验来推广产品。因此，可以利用文案对需求的塑造，让用户先接触或试用产品，再继续塑造价值。例如，可以先利用文案引导，让用户参与试用活动，再进行试用调查，以文案来统一表达用户的好评体验。例如，"在试用了新品的用户中，不少人表示获得了之前没有的感觉，他们很期待产品的正式上市……"这样，更多用户想要试用的需求就被激活了。

07 图片塑造法

塑造产品价值，离不开文案中的文字，同样也少不了与文字所结合的图片。这是因为文字给受众带来的感受往往是间接的、理性的，需要他们加以思考。相反，图片塑造出的价值感是直接的、感性的，能够直接给受众带去冲击。

可以用于塑造产品价值的图片，主要包括下面几种。

1. 产品图
其包括产品生产过程、成品外形、使用过程、维护过程等。例如，一款蛋糕是怎样从原料烘焙而来，如何确保健康安全等。

2. 文字介绍
其包括和价格有关的优惠、购买流程等，将介绍文字制作成图片，上传到微博、微信上，便于受众进行转发和分享。

3. 客户评论
微商可以将用户对产品的评价、分享，以聊天记录截图的方式，形成能够复制转发的图片，表现出产品的价值。

4. 付款和发货凭据
微商可以将消费者购买产品时付款的截图制作成图片，配合文字形成文案，从而表现产品的大受好评。同时，微商还可以将发货时包裹的整体外观、发货的快递单据等形成图片，营造出产品供不应求的市场形象。

除了上述图片之外，以买家为主角的图片也具有价值塑造上的说服力。买家图片能够带来的并非只有互动，还有实在的价值感。这是因为购买者之间存在着相当大的社交空间，将图片贯穿在文案中，可以有效推动这样的社交行为，而再多对产品进行的文字描述，也不如一张真实的买家图片更具备价值感。

选择利用买家秀图片和文案配合，可以包含下面几个阶段。

1. 用户浏览环节

用户购买之前，会花费一定时间对产品进行浏览，此时需要充分利用文案的宣传价值，将买家秀图片和文字进行结合，展示在微商店铺广告位上，或者发布在微信公众号上。同时，给选用了图片的老顾客以优惠和奖励。这样，既能够促进老用户回顾产品价值，也能吸引新买家认识产品价值。

2. 下单环节

在买家确认下单之后，可以及时通过预先设计好的文案，告知对方分享买家图片的活动，重点应指出奖品的丰厚性。例如，"您在收货之后，可以发布买家秀图片哦。只要参加活动，就能够拿到10元的返现！"这样，手头就能获得充分的买家秀图片作为文案素材，而买家在准备图片时，也能够更深入地认识到产品价值。

3. 收货环节

在客户收货之后，微商可以利用买家的联系方式如电子邮件、微信、微博、手机短信等，以预先准备好的文案，提醒他们如何接收产品，并提醒他们如何参与买家秀图片分享活动。还可以在产品的包裹中放入售后卡，售后卡文案也可以发挥同样作用，如："想要拿现金吗？只要分享购买使用心得，并上传你和宝贝的照片，就能得到10元奖励返现！"

08 级别塑造法

产品是否能实现价值塑造，最大的区别在于如何去让产品的自身价值看起来与众不同。事实上，某些减肥类的产品，代理佣金甚至能达到30%，一百多元的减肥产品扣掉30%的佣金，厂家始终还能赢利，所以某些减肥类产品的成本是比较低的。相反，某些高质量、高成本的产品，在微商手中却始终无法实现同样的盈利，这说明，只有做好级别塑造法，产品的价值才能表现出来。

1. 用假象打造出级别

用户见过很多好东西，因此不会随便对某件产品产生兴趣，更不会随便对一件产品形成级别感。要怎样克服这样的情况，让客户注意到产品？答案是神秘感的假象。

怎么才能让客户去注意你在做什么，这一步非常之重要，做不好等于你所做的一切营销策略都是空谈，因为客户不知道你的存在。就算客户无意知道也不会太在意，因为任何行业包括做任何产品竞争绝对很激烈，客户并不是好"伺候"的。

看上去似乎存疑的价值，会让人感到神秘，才会引起用户的好奇心。我们所谓的假象并非虚假，而是通过文案，打造出让人只想得到，但一开始存疑的东西。当移动互联网和文案结合起来，最突出的优势就在于制造出这样的假象。

2. 用推崇打造出级别

相同的产品，有的微商在价格上能提升很多倍，还能让客户所接受，但有的微商却愁着怎样才能把东西卖出去。其中差别在于文案是否有传递出推崇感。

文案营销中，文案是手段，而营销则是目的。在手段和目的之间，必须要有一种能量作为载体，让手段能够真正作用于阅读了文案的顾客，让他们转化立场，才能实现目标。这样的能量就叫做：推崇。有了推崇的力量，客户就会对微商个人和产品都尊重而崇敬，他们会自然而然地接受产品，并因此而积极购买和消费。

当然，个人推崇虽然重要，但不可能是轻而易举实现的，尤其在讲究科学、诚信、公平、客观的21世纪，追求理性精神的人群越来越多，具有较高学历和知识的顾客也越来越多，如果不能用正确的方式去在文案中形成推崇感，就很可能产生适得其反的效果。

在文案中，个人推崇必须要建立于专业基础上，只有让顾客真正感受到专业的力量，他们才会成为崇拜者。让文字从专业路线出发，用专业的表现、事实来说服顾客，而并非只是靠单纯的煽情、洗脑来推动。这样的推崇，会让产品价值的高级别更为坚定、稳固、可信和持久，为微商营销业绩带来更大的推动力。

3. 用"占便宜"打造级别

用"占便宜"的文案，可以让普通的产品价格提高很多倍，而且客户还更为认可产品背后的价值。

任何人在消费产品，潜意识里都希望有更低的价格，这是因为一般人都有想占便宜的心理。因此，在文案中，你应该要"不择手段"地展示出客户是如何占到便宜的，并通过这一方法来拒绝客户的讨价还价。

最常见的文案如下：

> 神奇的产品……市场价要1000元。但我们只卖300元，而且还额外赠送客户500元的附加礼券。

由于在文案中表现出了"便宜"，因此顾客一旦决定购买，就会认定自己所获得的产品价值上升到了新的级别。

09　感官塑造法

感官塑造法，是指利用人的视觉、听觉、嗅觉、味觉和触觉等感觉，来表现产品价值的文案。

文案的感官法，能够迅速传递产品的全面信息、展现产品的真实性质、表现产品的特殊优势，同时，还能为文章创造出一种新鲜的美感，具有传统广告所难以产生的强烈直观性。另外，使用这样的文案，除了塑造感官体验之外，还能给读者附加的心理满足作为延伸价值，例如阅读乐趣、体验快乐、身份彰显、品位认同等。

1. 视觉

视觉能带来最直观的感受，所以文案一定要有画面感。那么如何写有画面感的文案呢？如图4.3.9-1所示。

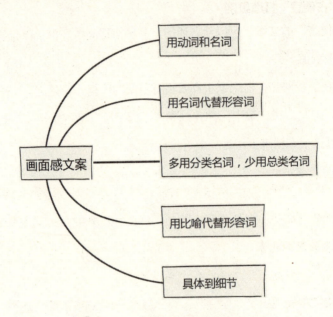

图4.3.9-1　有画面感的文案具备的要素

人的右脑是处理图像信息的，文案想要在大脑中形成一张图画，就要模仿图像在大脑形成的过程，用一些关键词对应图像。出现同样的关键词，这时候画像就会在大脑中形成了。

（1）用动词和名词。

多用动词，多用具体名词，少用形容词，少用抽象名字。具体名词有车、孩子、小动物、头发、天空等，是指现实生活中肉眼看得到的具体事物。抽象名词有梦想、希望、信念等，是一种需要具体化的理念。

（2）用名词代替形容词。

举个很简单的例子："她很会生活。""她懂得美食烹饪、喜欢旅游和音乐。"

形容词就像一个需要测量的区间范围，而名词就是一个确定数值。前者是一对多的储存方式，不利于信息准确而快速输出。而后者储存的信息清楚直接，通过一对一记忆方式，信息能快速输出。

（3）多用分类名词，少用总类名词。

举一个例子："桌上放着一杯饮料""桌上放着一杯热腾腾的绿茶"两者产生的价值感是完全不一样的。饮料是一种广义上的品类，产生的形象记忆并不深刻。绿茶是特指，有具体联想信息，能够让人联想到具体情境。

（4）用比喻代替形容词。

可以用名词去代替形容词，也可以有比喻或拟人代替。

先举两个例子："那个运动员身形矫健""那个运动员像猎豹一样灵活"矫健是形容词，描述的是程度，产生不了画面感。而猎豹，在大众记忆中就是灵活勇猛的替代词。用比喻或拟人去代表形容词，首先可以从形容词联想到相关名词，再将名词和比喻的本体建立起关系，就能够达成替代效果。

（5）具体到细节。

越是细节的东西，越是能够催生读者脑海中的画面感。无论怎样的画面，想要达成真实感，都应该是由无数个细节堆砌而成的，文案中描述事物越是想要聚焦，对细节和特征就应该越是着重描写，画面就会越清晰。

除了视觉可以采用上述五种方法来进行价值塑造之外，触觉、嗅觉、味觉也能够采取对应的方式在文案中进行描写。

2. 听觉

想要有好的听觉效果，就要力求让文案读起来朗朗上口，具有不同一般的节奏感。如何打造有节奏感的文案呢？如图4.3.9-2所示。

（1）简洁的短句。

好文案能够直奔主题。用简洁的短句，环环相扣，引起读者的兴趣。这不仅会让文案变得浅显易懂，而且还能使产品价值的传递更加紧凑，更有动感和节奏。

在微商文案写作中，应该力求让重点句子短促有力，例如，"肥胖就是痛苦""没有不可能""改变生活改变世界"等。

（2）积极的动词。

好文案基调应该是积极向上的。写作者应该采用确定和肯定的态度运用动词，从而使文案更加具有鼓动性。从动词的使用中形成积极向上的态度，才能更加有助于让产品价值更受欢迎。

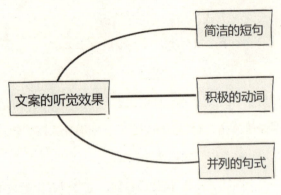

图4.3.9-2　文案的听觉效果具备的要素

（3）并列的句式。

没有好结构，就没有好文案。想要让听觉效果好，重点段落中的句子结构是一致的，用词的方向应该是一致的。动词应该是用同一种结构，人称的指向也应该统一，过于错综混乱会失去这种并列感，而没有听觉感染力。

其他几种感官塑造法暂不赘述了，笔者在其他地方将论述。

10　稀缺塑造法

随着微商市场竞争的激烈化，微商文案从简单的吸引流量开始，上升到推销产品的形象和创意，这也给文案写作者提出更高要求。想要做好文案，必须要能用文字体现出产品价值的稀缺性。

例如，在微商营销实践中，很多客户消费观念上暴露出问题：产品价格太高、功效不明显等，而这些都是因为对产品价值稀缺认识不足导致的。文案必须要改变他们的观念，让客户看到产品的得来并非轻而易举，相反，是"拿钱都买不到"

的，这样才能克服上述问题。

一篇微商文案这样写道：

> "产品原料野山参来自于长白山，这是一种名贵的中草药材，需要花费的不仅是天然恩赐的环境，还有着采参人数十年如一日的艰辛劳作……"

相比简单地列举产品的功效，这种写法表现出价值的稀缺性，更容易受到读者欢迎。

在表现产品稀缺性的手法中，下面这些技巧值得运用。

1. 呈现稀缺性

主动为客户呈现产品高价的理由。产品的品牌形象越好，就越能吸引更多客户，但另一方面，如果集中力量在打造稀缺性的价值定位上，也能吸引客户逐步建立正确的消费观念。从这个角度来看，客户的购买理由应该从其自身寻找，推销人员需要了解客户与众不同的特点，帮助他们去发现稀缺价值的理由，然后采取有效方式告诉对方。

2. 拒绝否定

不要一开始就否定用户的普遍化观念。用户的观念当然有不足之处，但推销者需要把握好节奏去挖掘客户的稀缺需求，再加上情感沟通。这样，才能引发客户的自我否定。如果一开始就对其现有观念加以否定，很容易导致他们的反感。

3. 对特点进行引申发挥

文案营销的核心在于让客户认同，如果微商在文案写作中总是想要努力说服客户，但却没有站在适当的角度上，就会浪费精力和时间，降低营销效率，甚至只能面对一次又一次的失败。

最好的办法是利用客户已经认识到的产品进行发挥，将特点变成稀少的、正规的价值，然后反过来说服对方去认同这一观点。这需要文案写作者善于对论点进行必要的置换，让客户了解产品真正具备稀缺性，如果产品具备任何一项或多项的稀缺条件，那么就可从这一项或多项中提取满足稀缺的特质，向客户加以描述。

具体来看，首先可以从产品的基本属性入手，包括原材料货源、生产技术、产品质量、产品服务、产品保增值、产品价格等几项，找到其他产品无法代替的部分。其次，抓住客户看重的属性，生动而不失客观地进行阐述，为产品增加差异化的表现条件；再次，将产品和行业竞争对手的产品进行比对分析，在向客户阐述时扩大商品优势面弱化劣势面，为潜在的竞争者设置尽可能高的进驻壁垒，削弱其威胁。

Part 4

产品品牌构建的
原则与方法

无品牌就无长久价值

品牌的五大要素：这样建品牌才最有效

品牌构建的六个方法

案例：价值千万的品牌是如何运作的

01 无品牌就无长久价值

客户选择产品，不仅选择了产品本身，还选择了产品的品牌。因为品牌能够给他们带来与其他产品所不同的价值。客户一旦相信了某个品牌，就会因为对其高度认同和忠诚，成为忠实用户。

在强调个性的消费时代中，对品牌着力追求，是许多客户发自内心的需求。然而，对于普通微商而言，品牌尚未出名，如何通过构建好品牌来达成长久价值？

1. 选择好的品牌词语

为微商的店铺、产品和服务选择一个简洁有力的品牌词语，只要当客户听见或者想起这个代名词，就意味着产品价值的具象化。

如一款叫做"拼多多"的微商平台APP，在2015年10月上线，发展到2016年3月，总体付费用户突破了2000万。由于该微商平台集中在拼团购买业务上，用户只要找到自己心仪的产品，选择分享给好友拼团购买，凑满人数之后，就可以成功以低价拿到产品。这样，用户一旦想到拼团，就会想到"拼多多"，由于品牌词语的正确选择，产品的长远价值也就成立了。

2. 选择好的品牌口号

并不是只有大品牌的企业才能靠品牌口号立足，即便只是一家微商小店，或者是个人在微信朋友圈销售的产品，也可以选择"为你创造XX""每天帮你XX"等响亮的口号。当这样的文字经常出现在用户面前，即便影响范围不大，也能让接触者更好地认识并接受产品价值。

3. 多元素建立品牌

在文案传播中，微商可以利用符号如动漫形象、Logo等，传递商家产品品牌的内涵文化；也可以用具体的人物或地理名称，如创始人、发明人、建筑物、风景名胜来表达商家品牌价值特点。当然，还可以用色彩结合文字图案，来表达品牌的精神和气质。例如，红色的文字象征勇敢、活泼、积极，蓝色的文字象征宽容、广博、和谐，绿色的文字象征自然、安全、和谐等。

上述这些方法，都能够将微商品牌进行形象和直观化的构建表达，有利于客户在碎片化的阅读下，总结并接受品牌的特征，加强微商的传播能力。

 02　品牌的五大要素：这样建品牌才最有效

无论选择传统平台还是社交渠道，想要做好微商的品牌运营，首先要面对品牌的建立工作。从实践上来看，做好下面五大要素的定位和构建，品牌建立的准备才能有充分基础。

1. 价值构建

对品牌价值进行定位，可以分为长线定位和短线定位两种。

微商需要认识到，即便是同样的广义领域中，有些产品品牌建立适合于长线，而有些品牌则适合于短线建立。例如，鲜花、面膜等产品品牌应该短期内就进行价值定位，而箱包、首饰的品牌建立则需要相对较为长期的过程，才能分别打造固定的粉丝群体。

一般情况下，微商如果想要在短期内就建立品牌、扩大营销规模，应该利用短线产品，而想要让已有的品牌得到持续稳定发展，则需要长线产品。

2. 消费构建

可以围绕不同目标消费群体，对品牌进行定位。如同样都是数码产品，某微商根据目前市场消费的状态，对原有的数码产品结构加以打破，按照年龄对用户进行重新区分，形成新的品牌层次，吸引了更多的消费者。

类似的品牌建立方法，需要对用户群体进行准确了解，才能避免品牌内部定位上的错误。

3. 特点构建

可以根据产品本身和附加服务的特点，总结出自身产品所具有的优势。如某微商将男性减肥产品作为主要的营销产品，那么在品牌建立上，其就获得了较大的概念运作空间，在推广男性减肥产品时，如果能够以品牌为号召，组织男性减肥群体的社交活动。这样就能突出个性，吸引关注，收到不错的效果。

4. 推广构建

可以围绕微商的推广方式来确立品牌。例如同样是餐饮类微商，不少微商选择了走快速、便捷、亲民的营销方式，但品牌的建立却因为重复性高而缺乏准确定位。另一家微商则走高档次、高质量的朋友圈邀请码发放方式，并利用这样的推广方式来形成高档品牌效应，这样的策略让其品牌从同行业中顺利崛起。

5. 创意构建

构建品牌之前，应该先构建创意。微商可以围绕自身营销体系的不同，形成品牌内涵的独特创意，并利用创新产生的吸引感，来推动消费者对品牌价值的了解。创意不仅能够蕴含在产品中，还可以无处不在：从线上公众号的表达风格，到线下配速过程中的独到服务，从礼品的选择，到客户服务的语言风格等，每个细节都应该包含创意，让用户留下深刻印象，这样，他们也将对品牌念念不忘。

03　品牌构建的六个方法

品牌构建并非易事。这是因为产品的火爆可能是几周之内完成并带来收益，而品牌的持续收益则需要经受时间和市场的考验。事实证明,很多曾经在朋友圈火爆一时的产品,带来了巨大利润,但却没有形成还能继续发挥价值的品牌,其中的经验值得学习和借鉴。想要打造影响力强大的品牌,必须在微商品牌的策划构建过程中,注意以下几点,如图4.4.3-1所示。

1. 挑选时间节点

不少微商选择"双11"作为营造品牌氛围的时间节点,必须承认,"双11"已经成为中国互联网消费最重要的时间节点,在这样的时间段上进行品牌构建,可以获得社交渠道中较高的关注量,并拥有强大的品牌建造氛围。

除了"双11"之外,传统节日、重大商业活动、世界性的体育赛事或者突发性的社会事件等,也是进行品牌构建的良好时间节点。

2. 品牌文化

在微商设计品牌之初,就应该在营销体系中创建独到文化,这种文化应该符合目标消费群体的认识,具备成为品牌文化的基础。这样,在具体营销中,才能自然而然形成不同的感染力,并以此形成买卖双方的共同认知。

具体来看,商家应先对产品的主要消费人群进行了解,观察他们已经推崇的品牌文化,进行模仿、观察和研究、学习,从中找到能接受的共同点,发现必须推翻的不同点,再附着在具体产品和品牌宣传上。

如某款微商渠道销售的养生茶,其针对消费人群为四十岁以上的男性人群。根据商家的研究发现,相关人群目前使用的其他类似产品品牌,均已推崇自然、保健、养生为重点。有鉴于此,该电商将茶叶品牌文化有意识同养生保健进行联系,并组织相关专家学者,打造宣传文案,在移动互联网上进行社交化传播,赢得了品牌最初的坚定支持者。

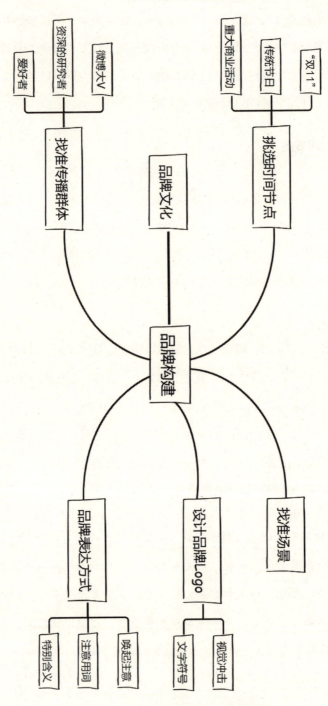

图4.4.3-1 品牌构建过程中的关键点

3. 找准传播群体

寻找什么样的群体来传播品牌，几乎能够决定品牌从诞生开始之后的生或死。著名的褚橙最初发轫于微博宣传，其品牌形象除了利用创始人的独特人生际遇之外，还没有忘记通过微博大V如王石、韩寒和蒋方舟等人转发。由于找到这样的强大传播群体，由此带动了一大批人群成为品牌粉丝。

相比之下，虽然普通微商难以找到如此大牌的传播群体，但他们完全能够通过在本地的相关社交群中发现资深的研究者、爱好者、专业人群和意见领导者，成为品牌的自发代言人，达到建立品牌价值的良好效果。

4. 找准场景

品牌的构建离不开具体场景，如果用户置身于某个场景，就能想到某个微商，这样的品牌构建才堪称成功。

基于当下的智能手机平台，微商完全可以将多种媒体相互关联，从消费者所处的场景和地理位置上营造出品牌氛围。如消费者进入某家美容院之后，可以扫描二维码关注某洗发水品牌的公众号，关注之后即可享受打折优惠。在多次重复这一过程之后，洗发水品牌同生活场景上相互融合，品牌构建得以顺利达成。

5. 设计品牌Logo

一个看上去高端、成熟的Logo，可以比文字和图案更加简洁地表达产品价值，也能让品牌更加立体、形象和深入人心。因此，品牌Logo要有自然而真切的图形，能够产生视觉冲击，而不是简单对市场上流行风格进行模仿。在确定Logo外形之后，商家也不能随便改变其风格。

值得一提的是，对于广大中小微商来说，应该尽可能选用文字而不是图形符号来作为Logo，前者更容易被记住。也不要轻易使用泛滥使用的英文单词来做品牌，可以考虑选用如意大利语、西班牙语单词来作为品牌Logo取名，无论是发音还是内容都有更大的发挥空间。

6. 品牌表达方式

品牌表达总是和产品质量的表达相互关联的。如果微商将卖货看成自己的主要任务，而将品牌营造看成可望而不可即的任务，那么品牌表达自然难以形成。只有将品牌、产品和商家的表达相互结合，才能做到天衣无缝。

首先，无论是产品本身还是营销内容上，都不要侵犯品牌的表达空间。例如营销图片和文字中，凡是出现品牌Logo的地方，都不要将之和其他因素重叠，也不能将之当成水印堆砌得到处都是，而应该留下充分的空间唤起注意。

其次，不要把品牌和促销、甩货、减价、亏本等形容词结合在一起，即便是同样性质的活动，也应该注意用词，最好形容成为对顾客的优惠、回报和奖励。

最后，在对品牌宣传的过程中，不要采取那些已经被淘宝等电商平台用滥的俗套广告，可以多采用新鲜哪怕短小的宣传文案，才能体现出特别含义，促成用户对品牌的最新认识和定义。

04 案例：价值千万的品牌是如何运作的

2016年，微商界又涌现了不少营业额超过千万乃至上亿的品牌：

> 内衣领域，"幸福狐狸"和"林夕梦内衣"用无钢圈、无痕、聚拢等功能，打造品牌的独特价值，以朋友圈中各种挺拔身姿吸引了女性眼球，创造了二三十亿的业绩。

事实上，这些品牌产品是否真的能够带来神奇功能，值得怀疑，但品牌的宣传重点落在了对用户需求的把握上，互联网的传播加大了需求的紧迫性，引发了用户追随，品牌号召力自然得以提升。

减肥产品一直是微商领域的重点产品，2016年火起来的品牌有很多。其中，某品牌以纯天然原料为口号，重点宣传其用大麦嫩叶、甘薯嫩叶等天然绿色植物榨汁的产品特点。这一特点抓住了既想减肥又想保持健康的消费者心理，获得了不俗的品牌影响力。在高峰时，该品牌月回款过亿，营销团队人数不低于六七万人。

此外，利用明星效应来营造品牌也是微商减肥产品的成功之道。亚洲瘦身女王郑多燕素来是减肥人群关注的焦点，因此，多燕瘦产品在其代言之下，很快成为微商圈的著名品牌。这也足以说明，选择有粉丝基础的明星作为代言人，更容易在微商领域中打造品牌形象。

此外，进行试用派送、落地演出等活动也能让品牌的支持粉丝成倍增长。2016年，有几家品牌的活动展位呈现火爆营销氛围，由于大量派送试吃装，代理人数火爆增长。

而某微商则在全国各地举行微商峰会，尤其是群星演唱会，无论是活动规模、演员阵容还是宣传策划，都造成了相当大的影响力。在这样的造势活动之下，其某款产品上市十天，就创造了1.2亿的销售业绩，成为了微商健康产品中的大咖品牌。

千万品牌的崛起在今日微商界早已不是新闻，如果是市场的新加入者，如何仿效上述成功经验，打开自己的市场，完善并发展自己的品牌呢？

1. 要选择正确途径在市场中成名

新品牌开始营销前，要积极策划，考虑如何让目标客户群体知道。不同的产品，应该选择不同的品牌传播渠道，选对渠道就能事半功倍。

例如，可以集中商家所有资源，从市场某一点突破，在短期内打造品牌的震慑力。可以是某个地区，也可以是某个细分消费人群，也可以借助已经有一定影响力的品牌，邀请传统行业中的品牌代言人来代言，借助已有的渠道来树立威望。

2. 集中力量向顾客展示产品形象

对于新品牌来说，刚进入市场，被接受被认可的程度较低，这并不奇怪。为此，商家要集中力量向客户展示自我形象。

首先，要通过宣传，明确产品品牌的价值理念、核心思想。其次，在产品还没有正式发布之前，就要开展线上线下的活动，提前改变客户脑海中的陈旧形象，建立新的认知，接受新的品牌形象。

3. 展示产品的特殊优势

想要打造高价值品牌，就要告诉客户，新品牌的产品有何种特殊优势。商家在进行品牌推广时，要确立主题，结合发展战略，确保产品质量的基础上，形成自我风格，进行消费群体的细分，着重提高产品的功能与服务。

4. 有针对性的广告促销策略

当品牌进入到发展成熟时期，客户群体已经对新品牌有了充分认识，为了进一步扩大影响力，应该区分新老客户，采用不同类型、不同程度的促销优惠策略。

5. 以客户为中心进行品牌塑造

品牌塑造的过程和内容有所不同，但始终都要围绕客户进行。应该让客户感到使用该品牌的产品是一种享受，获得了实际利益，这样就能在消费者群体中形成良好口碑，促成产品品牌价值和声量的提升。